高等医药院校基础医学实验教学系列教材

医学免疫学实验

主　编　彭吉林　郭　阳
副主编　杨敬宁　李平飞
编　委（按姓氏笔画排序）
向　田　李平飞　李德奎　杨敬宁
陈　俊　金　丽　赵　杰　赵俊杰
郭　阳　彭吉林

科学出版社
北　京

内 容 简 介

本实验教程分为基本操作、实验仪器、基本实验、综合性实验、创新性实验几个板块，内容编排遵循由易到难、由基础到创新的原则。在实验内容上力求全面，既介绍了免疫学中的一些经典、传统的实验内容，又增添了目前能开展的较先进的综合性实验和创新性实验（如免疫印迹、Th 细胞亚群检测、中和抗体检测等）。力求让学生较好地掌握免疫学实验技术和方法，了解本学科一些新的实验研究方法。

本书可作为医学院校本科临床、基础等专业学生教材使用。

图书在版编目(CIP)数据

医学免疫学实验 / 彭吉林，郭阳主编. —北京：科学出版社，2015.2
ISBN 978-7-03-043476-0

Ⅰ. ①医… Ⅱ. ①彭… ②郭… Ⅲ. ①医药学—免疫学—实验—高等学校—教材 Ⅳ. ①R392-33

中国版本图书馆 CIP 数据核字(2015)第 034196 号

责任编辑：李 植 / 责任校对：郭瑞芝
责任印制：赵 博 / 封面设计：范璧合

科学出版社出版
北京东黄城根北街 16 号
邮政编码：100717
http://www.sciencep.com
北京科印技术咨询服务有限公司数码印刷分部印刷
科学出版社发行 各地新华书店经销
*
2015 年 2 月第 一 版 开本：787 × 1092 1/16
2025 年 1 月第七次印刷 印张：9 1/2
字数：212 000
定价：39.80 元
（如有印装质量问题，我社负责调换）

《高等医药院校基础医学实验教学系列教材》编写指导委员会

总　　序

随着现代生命科学及其各种实验技术的飞速发展和高校教学模式的改革，现代高等医学教育更加强调培养学生的探索精神、科学思维、实践能力和创新能力。这就要求从根本上改变实验教学依附于理论教学的传统观念，要从人才培养体系的整体出发，建立以能力培养为主线，分层次、多模块、相互衔接的科学实验教学体系，使实验教学与理论教学既有机结合又相对独立。同时，必须加大对实验项目、实验条件、实验教学体系的改革力度，改革传统的以教研室为单位的教学实验室模式，整合完善现代医学实验室功能和管理，从而提高医学实验教学质量。

本系列实验教材由湖北医药学院组织编写，共9种，包括《医学大体形态学实验（人体解剖学分册）》《医学大体形态学实验（系统解剖学与局部解剖学分册）》《医学显微形态学实验》《病原生物学实验》《医学免疫学实验》《医学生物化学与分子生物学实验》《医学细胞生物学与医学遗传学实验》《预防医学实验》和《医用化学实验》。系统介绍了系统解剖学、局部解剖学、组织胚胎学、病理学、医学免疫学、病原生物学、生物化学与分子生物学、医学细胞生物学和医学遗传学、预防医学和医用化学的实验研究所必需的知识与技术。编写理念是将实验教学按照建设国家实验教学示范中心要求的实验教学模式，借鉴国内外同类实验教材的编写方法，力求做到体系创新、理念创新及编写精美。内容上将基础医学实验教学按照基础医学实验体系进行重组和有机融合，按照实验教学逻辑和规律，将实验内容按模块层次进行编写，基本上包括：①实验操作及常用仪器使用；②基本实验或经典验证性实验；③综合性实验；④研究创新性实验等。不同层次学生可按照本专业培养特点和要求，对不同板块的必选实验项目和自选实验项目进行适当取舍。

其基本理念和设计思路具有以下特点：

1. 明确目标，准确定位　本系列实验教材编写过程中增加了临床应用多、意义较大的实验内容，适当选编新的内容，力求突出基础医学知识在医学相关专业临床工作中的应用。

2. 突出能力，结合专业　以“自主学习能力、临床执业能力”培养为根本，将各学科的相关知识与临床实践应用“链接”为一体，增强学生学习兴趣，突出应用能力培养，提高学生自主学习能力和学习效果。教材重视生命科学研究中如何发挥学生观察、分析与思辨能力的培养，主要任务是使大学生通过动手，得到实验技术的基本操作技能训练、科学思维和创新能力的培养，同时也要使他们初步了解或掌握先进技术和方法，与迅速发展的学科前沿接轨。

3. 增减内容，突出重点　本系列实验教材在编写过程中，坚持基本理论和基本知识以“必须、实用、够用”的原则。实验内容去旧增新，删繁就简。将原来一些经典实验与现代科学思维相结合，适当压缩，并进行内容和教学方法的改革。对原书的插图进行了精选。对所开设的每一个实验要求达到的培养目标作了清晰而明确的阐述。

4. 整体优化，彰显特色　教材在整体结构上，既考虑到教与学的传统习惯，力求整体上系统化，又考虑到教材内容的创新，体现教材的思想性和先进性；在教材内容的编写上突出专业特色，体现专业特点，强化知识应用，部分教材增加实验流程图以及实验要点和实验结果图的应用，使规划教材具有更广泛的适应性；在结构及内容编排上条理清楚，层次分明，充分体现规范化特点。为扩大学生的知识面，启发其思维，根据每个部分的内容在临床工作中的应用情况，精选相关内容与临床密切相关的学科知识和有应用前景的新进展和新技术，将各相关学科有机结合在一起，具有基础扎实、应用性强、科研创新性突出的优势。

本规划教材的使用对象以本科临床医学专业为主，兼顾预防、麻醉、口腔、影像、药学、检验、护理、康复、生物科学与生物技术、公共事业管理、信息管理与信息系统等专业需求，涵盖全部医学生的基础医学实验教学。

由于基础医学实验教学模式尚存在地区和校际间的差异，本规划教材可能存在偏颇之处，也会有不足和疏漏，敬请广大医学教育专家和同学提出宝贵意见，以便修订再版。

湖北医药学院

《高等医药院校基础医学实验教学系列教材》编委会

2014年7月

前　言

免疫学是一门向多学科（尤其生命科学、医学）渗透、迅猛发展的学科，它的发展促进了免疫学实验技术的不断更新和丰富，从而推动了生物科学等学科的发展。免疫学和免疫学实验技术已成为广大生命科学、医学专业学生的必修课程。湖北医药学院为本科生开设免疫学和免疫学实验课程已多年，在学校加强实验教学的要求下，我们组织编写了这部适应我校特色的免疫学实验教材。为提高实验教学质量，提升学生实践和创新能力，本实验教材力求让学生较好地掌握免疫学实验技术和方法，了解本学科一些新的实验研究方法。在本书的编写中，编者按照教学大纲的要求，根据自己的教学实践经验，参阅了大量免疫学领域的相关资料和文献。在实验内容上力求全面，既介绍了免疫学中的一些经典、传统的实验内容，又增添了目前能开展的较先进的综合实验和创新性实验（如免疫印迹、Th 细胞亚群检测、中和抗体检测等）。

湖北医药学院教务处、基础医学院的各级领导、老师、同事对本书的编写和出版给予了极大支持，在此表示衷心感谢！

由于免疫学实验方法的不断更新和丰富，编者学识有限，书中不足之处在所难免，真诚希望同行和读者能够批评指正，以便改进。

湖北医药学院
编　者
2014 年 5 月

目　　录

基本实验

综合性实验

创新性实验

第一章　动物实验的基本操作

动物实验是免疫学实验中的一种基本实验技术。动物实验的基本操作包括实验动物的抓取固定、标记编号、注射给药、取血及处死方法等。

第一节　实验动物的抓取固定

实验动物的抓取固定方法依实验内容和动物的种类而定。正确的抓取固定动物，既可防止被动物咬伤，又不损害动物健康，有利于实验顺利完成。抓取固定动物前，要了解各种动物的一般习性。抓取固定时，要小心仔细、大胆敏捷、熟练准确，同时要爱惜动物，使动物少受痛苦，不能粗暴恐吓动物。

一、小鼠抓取固定

小鼠性情较温顺，一般不会咬人，比较容易抓取固定。通常用右手提起小鼠尾巴将其放在鼠笼盖或其他粗糙表面上，在小鼠向前挣扎爬行时，用左手拇指和食指捏住其双耳及颈部皮肤，将小鼠置于左手掌心，无名指和小指夹其背部皮肤和尾部，即可将小鼠完全固定(图 1-1)。在一些特殊的实验中，如进行尾静脉注射时，可使用特殊的固定装置进行固定，如尾静脉注射架或粗的玻璃试管。如要进行手术或心脏采血应先行麻醉再操作，如进行解剖实验则必须先行无痛处死后再进行实验。

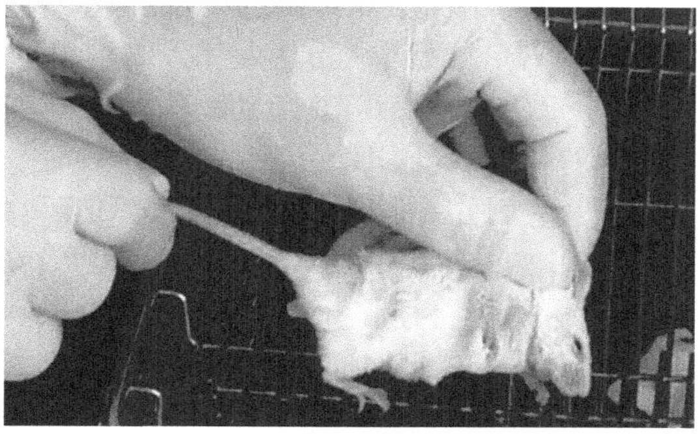

图 1-1　小鼠的抓取与固定

二、大鼠的抓取固定

图 1-2　大鼠的抓取

大鼠比小鼠牙尖性猛，可带上帆布手套抓取，避免被咬伤。进行灌胃，腹腔、肌肉及皮下注射时，可采用左手固定法：用拇指和食指捏住鼠耳，余下三指紧捏鼠背皮肤，置于左掌心中，右手进行实验操作；也可伸开左手之虎口，敏捷地从后面一把抓住(图 1-2)。做手术时，事先麻醉或处死，然后用细棉线绳活缚腿，背卧位绑在大鼠固定板上；尾静脉注射时用大鼠固定盒固定即可。

三、豚鼠的抓取与固定

图 1-3　豚鼠的抓取固定

豚鼠胆小易惊，抓取必须稳、准、迅速。一般先用手掌迅速扣住鼠背，抓住其肩胛上方，以拇指和食指环握颈部，另一只手托住臀部(图 1-3)。

另一种抓取方法是：把左手的食指和中指放在颈背部的两侧，拇指和无名指放在肋部，分别用手指夹住左右前肢，抓起来。然后翻转左手，用右手的拇指和食指夹住右后肢，用中指和无名指夹住左后肢，使鼠体伸直成一条直线。不能抓豚鼠腰腹部，否则易造成肝破裂。固定的方式基本同大鼠。

四、兔的抓取固定

一般以右手抓住兔颈部的毛皮提起，左手托其臀部或腹部，让其大部分体重集中在左手上(图 1-4)，可避免动物的损伤。不能抓双耳或抓提腹部。

家兔的固定一般分为盒式固定和台式固定(图 1-5)。其中盒式固定适用于兔耳采血、耳血管注射等情况；台式固定适用于手术时：动物仰卧，四肢用粗棉绳活结绑住，拉直四肢，将绳绑在兔台四周的固定棒上，头以固定夹固定或用一根粗棉绳挑过兔门齿绑在兔台铁柱上。

图 1-4　家兔抓取

1、2、3 均为不正确的抓取方法；4、5 为正确的抓取方法

图 1-5　家兔的盒式固定与台式固定

第二节　动物实验注射给药法

一、腹腔注射

腹腔注射部位为下腹部腹中线左右两侧1cm处，为避免伤及内脏，抓取固定动物时应使头稍向后低，使内脏移向上腹(图1-6)。局部消毒后，右手持注射器将针头刺入皮肤，针头到达皮下后，稍向前推，再以45°刺入腹腔，回抽无回血或液体方可注入药液。腹腔注射通常均选取5号针头。大鼠、小鼠、豚鼠腹腔注射时一般以左手固定动物，右手注射；对体重较大的大鼠或豚鼠、家兔等大动物，可由助手固定动物，暴露腹部，另一人进行注射操作。

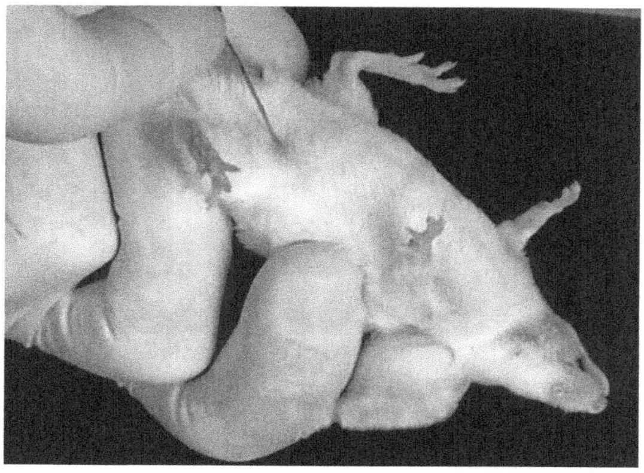

图 1-6　小鼠腹腔注射法

二、皮下注射

一般选择皮下组织较疏松的部位注射。大鼠、小鼠、家兔、犬等注射部位有颈背、腋下、侧腹和后肢，猪为耳根部皮下，鸡为翼下部位。局部消毒，注射者将皮肤提起，将注射针头刺入皱褶底部，沿体轴推进5~10mm，若针尖易左右摆动，表明已刺入皮下，回抽无回流物即可注射，皮下呈扩散状隆起。注射完毕，干棉球局部压迫，防注液外漏。小鼠用4号针头，家兔等用6号针头。

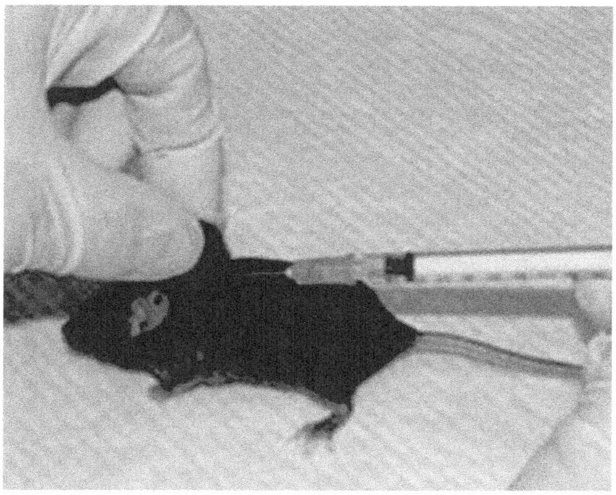

图 1-7　小鼠皮内注射

三、皮内注射

大鼠、小鼠、豚鼠、家兔等动物皮内注射常选择背部脊柱两侧的皮肤。猪选取耳壳外面或腹侧皮肤注射。局部去毛、消毒，用左手将皮肤捏成皱襞，右手持针，将针头与皮肤约成30°角刺入皮下，使针头向上挑起并稍刺入，即可注射(图1-7)，注射部位鼓起一小丘。

四、肌内注射

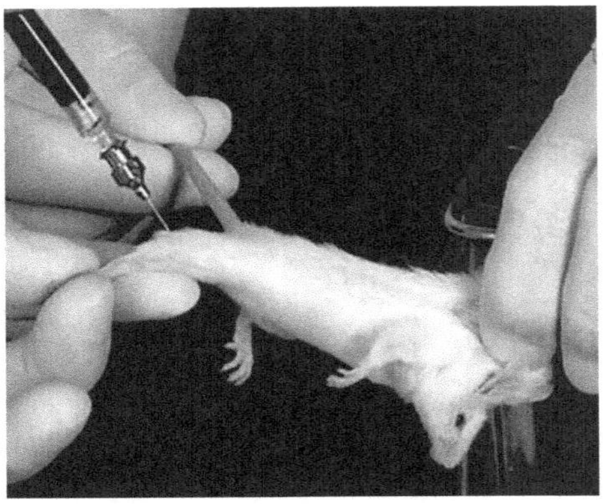

图 1-8 小鼠肌内注射

大鼠、小鼠、家兔、犬等一般选择肌肉丰满而无大血管通过的臀部、大腿内外侧肌内注射。局部消毒，使注射针与肌肉约成60° 角，迅速刺入肌肉，回抽无回血方可进行注射(图1-8)。大鼠和小鼠选用5号针头，家兔、猫、犬选用6号针头。

五、静脉注射

1. 大鼠、小鼠尾静脉注射 大鼠、小鼠尾部有四根血管，其中腹侧的一根为动脉，背部的一根为静脉，两侧各有一根静脉。两侧静脉较易固定，用来静脉注射。先固定，暴露尾部，使血管扩张，用左手无名指从下面托起尾巴，以拇指和小拇指夹住尾巴的末梢，右手持4号注射针，从尾末端沿与静脉平行方向进针，针头刺入后轻推药液，若无阻力，表示针头已在静脉中，可继续缓缓推入药液；若轻推药液后阻力较大，且有白色隆起，说明注射到皮下，需拔出针重新刺入。注射完毕用干棉球按压止血或把尾巴向注射侧弯曲以止血(图1-9)。

2. 豚鼠背中足静脉注射 固定动物，找到静脉，局部剪毛，消毒(为方便注射甚至可剪破皮肤)，右手持4号注射针沿向心方向刺入血管，回抽有回血即可注射，注射后干棉球压迫止血，胶布包裹伤口。

也可耳缘静脉注射。耳缘静脉较细注射难度大，固定很重要。操作者先使静脉充盈，用左手食指和中指夹住静脉近心端，拇指和小指夹住耳边缘部分，无名指和小指在耳下作垫，右手持4号注射针从静脉末端顺血管平行方向刺入，回抽如有回血，放松对耳根部血管的压迫，固定针头缓慢注入药液。

3. 家兔耳缘静脉注射 将兔盒式固定，找到耳缘静脉，拔去局部被毛，酒精擦拭使血管充盈。注射、止血方法与豚鼠基本相同。若注射成功，注射器针栓可轻松推动，可见药液在血管内流动(图1-10)。

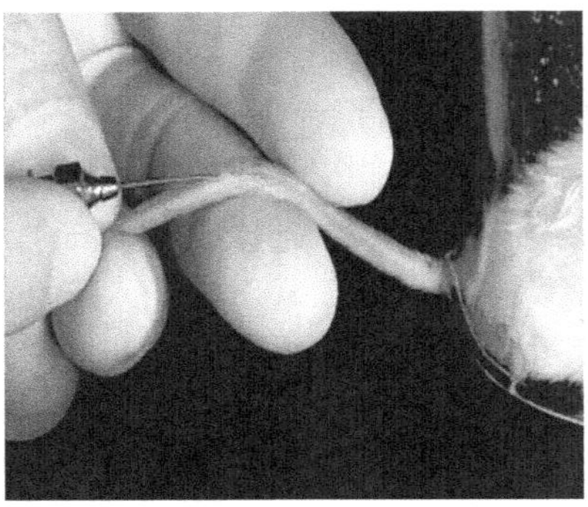

图 1-9 小鼠尾静脉注射

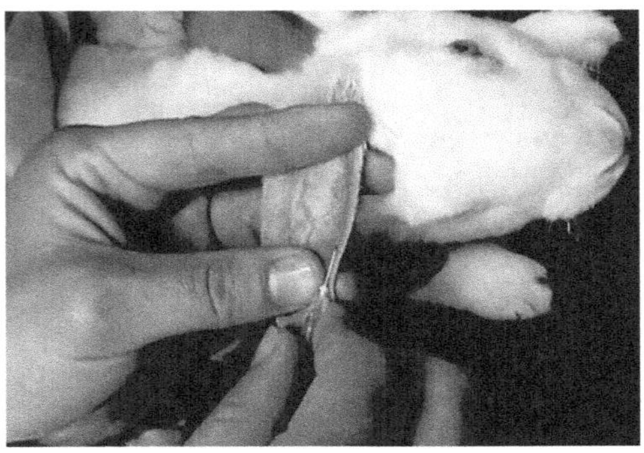

图 1-10 家兔耳缘静脉注射

第三节　动物实验的采血方法

一、小鼠和大鼠的采血方法

1. 割(剪)尾采血　固定，尾部用45~50℃的温水或酒精擦拭，使尾静脉充盈扩张。消毒，割去尾尖1~2mm (小鼠)或3~5mm(大鼠)，让血液自由滴入试管或用血红蛋白吸管吸取(图1-11)。采血结束，伤口消毒，棉球压迫止血。或在尾部做一横切口，割破尾动脉或静脉收集血液。取血量少，小鼠0.1mL/次，大鼠0.3~0.5mL/次。每只鼠可采血10次以上。

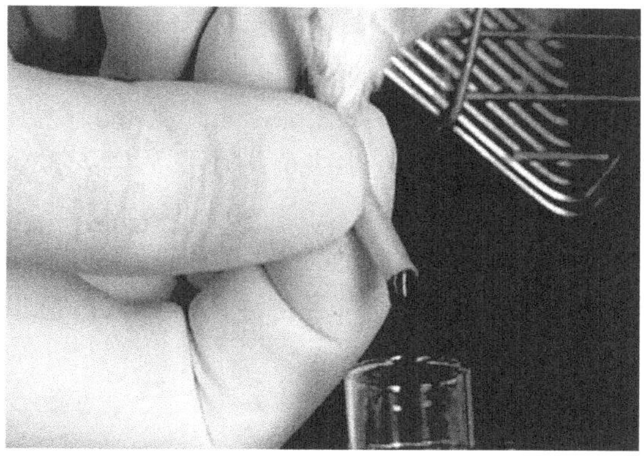

图1-11　小鼠剪尾取血

2. 尾静脉穿刺采血　固定，充盈尾静脉，消毒，注射针沿与静脉平行方向，从尾末端进针穿刺，抽取血液。

3. 眼眶后静脉丛采血　将取血管浸入1%肝素，干燥后使用。操作者一手固定动物，拇指和食指尽量将鼠头部皮肤捏紧，或轻轻压迫颈部两侧，使鼠眼球突出，眶后静脉丛充血，另一只手持取血管，以45°角从内眼角刺入，深度为小鼠2~3mm，大鼠4~5mm。当感到有阻力时即停止推进，将针退出0.1~0.5mm，边退边抽。采血后，去颈部压力，拔出采血管。可短期内重复采血，采血量小鼠为0.2~0.3mL/次，大鼠0.5~1.0mL/次。

4. 摘眼球法　左手固定动物，压迫眼球，尽量使眼球突出，右手用镊子或止血钳在眼球根部迅速摘除眼球，眼眶内很快流出血液(图1-12)。

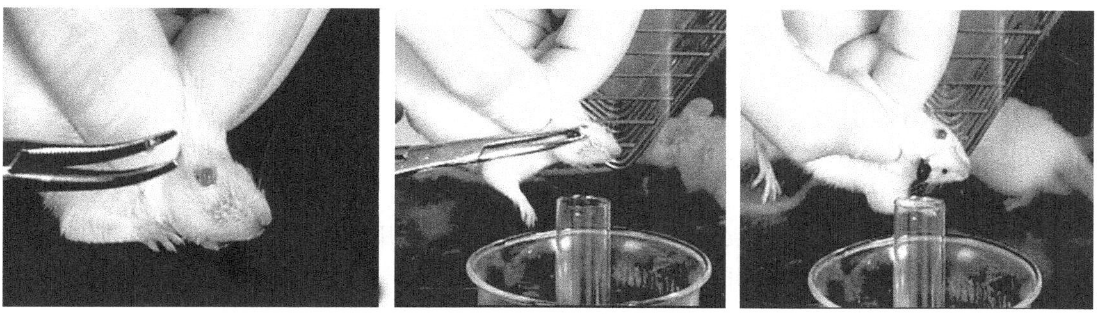

图1-12　小鼠摘眼球取血

5. 断头采血　采血者左手的拇指和食指从背部握住鼠的颈部皮肤，用剪刀迅速剪掉头部，立即将头朝下，提起动物，血液即流入试管中。采血量小鼠为0.8~1.2mL，大鼠5~10mL。

6. 颈(股)动静脉采血　将鼠麻醉，剪去一侧颈部外侧被毛，做颈动静脉分离手术，用注射器采血即可。

二、豚鼠采血法

1. **耳缘剪口采血** 使耳充血，消毒，用锐器割破耳缘，切口边缘涂抹20%枸橼酸钠，阻止血凝，血自切口自动流出进入盛器。每次采血约0.5mL。

2. **心脏采血** 可由助手握住前后肢进行采血。选心脏搏动最强部位进针穿刺，血液即流入针管。针头宜细长，以免术后穿刺孔出血。

3. **股动脉采血** 固定，剪去腹股沟被毛，局部麻醉，切开长2~3cm的皮肤，钝性分离软组织，暴露并游离出1~2cm的股动脉。用镊子提起股动脉，远心端结扎，近心端用止血钳夹住，在动脉壁中央剪一小孔，插入采血细管，放开止血钳，血液即可流出。一次可采血10~20mL。

4. **背中足静脉取血** 助手固定动物，伸直膝关节。术者消毒脚背面，以左手拇指和食指拉住豚鼠的趾端，右手持注射针刺入静脉取血，完毕后用棉球压迫止血。

三、兔采血法

1. **耳缘静脉采血** 固定，局部去毛，用手指摩擦兔耳，使静脉扩张，消毒，在耳缘静脉末端刺破血管待血液漏出取血，或将针头逆血流方向刺入耳缘静脉取血，完毕，用棉球压迫止血，一次最多采血5~10mL，可反复取血。

2. **兔耳中央动脉采血** 兔耳中央较粗、颜色鲜红的为中央动脉。先使兔耳充血，左手固定兔耳，右手持6号针头注射器从动脉末端沿与血管平行地向心方向刺入，即可见动脉血进入针筒，取血完毕后注意止血。一次约采血15mL。

3. **心脏取血** 固定，剪去左胸部兔毛，消毒。在胸骨左缘第3、4肋骨间心尖搏动最强处垂直刺入心脏，血液可自动泵入注射器。若针头已进入心脏但抽不出血时，可以前后进退调节针头的位置，切不可使针头在胸腔内左右摆动以防止伤及心、肺。一次可取血20~25mL，6~7天后可重复采血。也可用50mL注射器(16号针头)心脏一次抽血致死。

4. **后肢胫部皮下静脉取血** 固定，拔去胫部被毛，在胫部上端股部扎橡皮管，在胫部外侧浅表皮下可见到皮下静脉。用左手拇指、食指固定好血管，右手持注射器(5号针头)与静脉平行进针，抽血有回血即可采血。采血完毕后用棉球压迫止血，此处不易止血，压迫时间应稍长。一次可采血2~5mL。

5. **大血管采血**

(1) 颈外静脉采血：将兔台式固定，充分暴露颈部。用左手朝心端绷紧颈部皮肤，右手持注射器沿颈部平行方向朝头端方向刺入，有回血后，固定好注射器，缓慢采血。一次可取血10mL以上。取血完毕，用干纱布压迫止血。

(2) 股动脉、股静脉采血：固定后，左手扪股三角区，触及动脉搏动部位，尽量由远心端进针，向近心端方向穿刺，刺中可见血液流入针筒。如采静脉血，在扪到动脉搏动的部位进针后，当针头触及索状感股动脉时，将针头稍朝内侧移动，再迅速穿刺，即可穿刺到股静脉。采血完毕，用棉球压迫止血。

第四节　实验动物的处死方法

实验动物的处死必须按照人道主义原则，以安乐死的方法处死动物。实验用过的动物处死后要妥善处理(掩埋或焚烧)。下面介绍免疫学实验中常用实验动物小鼠、大鼠、豚鼠及家兔等的处死方法。

一、大鼠、小鼠的处死方法

1. 颈椎脱臼断髓法　此法是切断脊髓与脑髓的联系，使动物迅速死亡。将动物放在鼠笼盖或粗糙的表面上，左手拇指和食指用力向下按住鼠头，右手用力向后拉鼠尾，使颈椎脱臼，鼠立即死亡(图1-13)。大鼠断髓处死时，不仅需要相对较大的力量，还需要掌握好技巧，不可盲目用力，可以旋转用力拉大鼠。

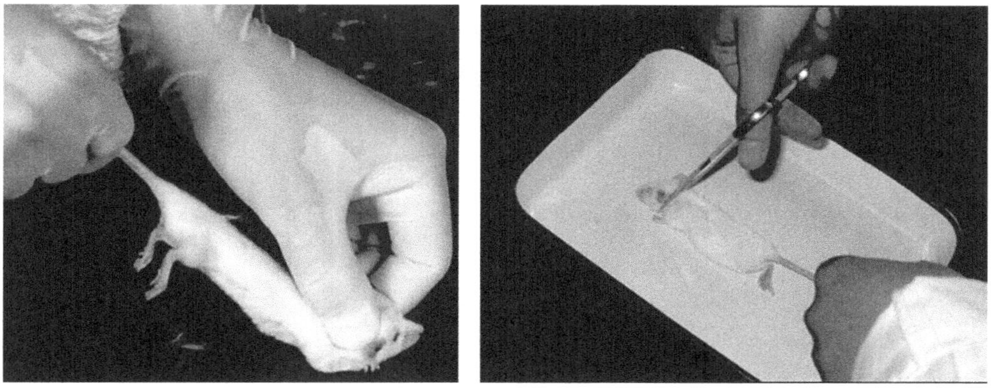

图 1-13　小鼠颈椎脱臼法

2. 断头法　用大剪刀在颈部将鼠头剪断，动物大量失血立即死亡。此法处死动物时间短，脏器含血量少，若需采集新鲜脏器标本，可采用此法。

3. 急性失血法　一次性放出大量血液，使动物死亡。可采用颈总动脉大量失血、去眼球放血而致死的方法。

4. 化学药物致死法　此法适用于各种动物。最好采用吸入CO_2致死法，CO_2不燃，无气味，使用安全且处死动物效果确切。将小动物先装入鼠盒中，再放入透明塑料袋内，把输送CO_2的胶管末端放入袋内，封好塑料袋，向内充满CO_2，动物很快即会倒下，再充气数秒，拔出胶管封袋口，放置一段时间动物即死亡。

5. 击打法　此法适用于大鼠、家兔等。抓住动物尾部，提起，用力摔击头部，或用木槌用力捶其后脑部，动物痉挛后即处死。

二、豚鼠、家兔的处死方法

1. 空气栓塞法　向动物静脉内注入一定量的空气使之发生栓塞而死，空气剂量为20~50mL。缺点是由于动物死于急性循环衰竭，各脏器淤血十分明显。虽被广泛使用，但从保护动物角度出发，使用时需慎重。

2. 急性失血法 可采用切断股动静脉，使其大量失血而死。一般在股三角区横切约10cm的切口即可切断股动静脉，要用湿纱布不断地擦去切口处的血凝块使切口保持通畅，3~5min动物可致死。

3. 破坏延脑法 用工具用力捶击动物的后脑部，损伤延脑致死。

4. 化学药物致死法

(1) 吸入CO_2致死法：将动物置带盖容密闭容器内，吸入CO_2致死。

(2) 静脉注射10%氯化钾溶液10~20mL，使心肌失去收缩能力，心脏急性扩张，心脏迟缓性停跳而死。

(3) 皮下注射致死量的士宁溶液：豚鼠3.0~4.4mg/kg，家兔0.5~1.0mg/kg。

(4) 静脉注射10%甲醛溶液10~20mL，使血液内蛋白质凝固，动物由于全身血液循环严重障碍和缺氧而死。

(5) 过量的麻醉剂(如戊巴比妥钠)处死动物，但因麻醉剂使用控制严格，不能广泛应用。

(赵　杰)

第二章　免疫学常用实验仪器

第一节　酶　标　仪

【主要原理】

光是电磁波，波长 100~400nm 称为紫外光，400~780nm 的光可被人眼观察到，大于 780nm 称为红外光。酶标仪测定的原理是在特定波长下，检测被测物的吸光值。光通过被检测物，前后的能量差异即是被检测物吸收掉的能量，特定波长下，同一种被检测物的浓度与被吸收的能量成定量关系。检测单位用 OD 值表示，OD 是 optical density(光密度)的缩写，表示被检测物吸收掉的光密度，OD=log(1/trans)其中 trans 为检测物的透光值。根据 Bouger-amberT-beer 法则，OD 值与光强度成下述关系：E=OD=logI_0/I，其中 E 表示被吸收的光密度，I_0 为在检测物之前的光强度，I 为从被检测物出来的光强度。OD 值由下述公式计算：E=OD=$C\times D\times E$，其中 C 为检测物的浓度；D 为检测物的厚度；E 为摩尔因子。每一种物质都有其特定的波长，在此波长下此物质能够吸收最多的光能量，如果选择其他的波长段，就会造成检测结果的不准确。因此在测定检测物时，选择特定的波长进行检测，称为测量波长。但是每一种物质对光能量还存在一定的非特异性吸收，为了消除这种非特异性吸收，再选取一个参照波长，以消除不准确性。在参照波长下，检测物光的吸收最小。检测波长和参照波长的吸光值之差可以消除非特异性吸收。

【主要操作规程】

(1) 开启酶标仪电源，待酶标仪自检完成，仪器的液晶显示窗出现 PLATE READING 及闪动光标(若仪器提示不能通过自检或出现其他错误信息，请立即停止下列操作并将错误信息详细记录，报告专业人员维修)。

(2) 开启计算机。

(3) 打开酶标仪专用程序(此时在操作界面左下方显示“Ready”字样)。

(4) 打开“File”菜单，选择“New Reading”的“New Endpoint Protocol”项(此时酶标仪转为计算机控制模式)；在“Reading Parameters”处，设置各项参数：单波长测定选择“Single”，双波长测定选择“Dual”，选择“Measurement Filter”项确定测量滤光片波长值，选择“Reference Filter”项确定参比滤光片波长值。

(5) 检查确认所设各参数无误，将酶标板放入仪器内(左上角为 A1)关闭测量室的盖板(注意：不能将酶标板的盖子放入仪器内)。

(6) 点击“Run”键，仪器开始测定，测定完成后，显示出与酶标板规格一致排列的各孔 OD 值。

(7) 可将数值用“Copy”命令复制后粘贴至 Excel 电子数据工作表上，或打开“File”菜单，运行“Export”命令，选择相应的数据文件格式，按自己确定的路径和文件名进行保存。

(8) 取出酶标板，按关闭程序→关闭计算机→关闭酶标仪的顺序关机。

第二节　流式细胞仪

【基本原理】

流式细胞术(flow cytometry，FCM)是借助荧光活化细胞分类仪(fluorescence-activated cell sorter，FACS)对细胞快速鉴定和分类，并进行多参数定量测定和综合分析的技术。样品与经多种荧光素标记的抗体反应，因荧光素发射光谱的波长不同，信号能同时被接收，故能同时分析细胞表面多个膜分子表达及其水平。该法可检测各类免疫细胞、细胞亚类及其比率。此外，借助光电效应，微滴通过电场时出现不同偏向，可分类收集所需细胞。待测标本制备成单细胞悬液通过荧光染色后进入充满鞘液的流动室，鞘液压力与样品流压力是不同的，当二者的压力差异达到一定程度时，鞘液裹挟着样品流中细胞排成单列逐个经过激光聚焦区。如果将细胞中感兴趣的部分特异性地标记上荧光染料，那么这些染料将在细胞通过激光检测区时发出特定波长的荧光，通过一定波长选择通透性的滤色片，可将不同波长的散射光、荧光信号区分开来，并送到不同的光电倍增管中，经过一系列的信号转换、放大，数字化处理，就可以在计算机直观地统计染上各种荧光染料的细胞各自的百分率。选择不同的单克隆抗体及荧光染料，可以利用 FCM 同时测定一个细胞上的多种不同特征；如果对具有某种特征的细胞有兴趣，还可以利用流式的分选功能将其分选出来，以便进一步培养、研究。

【主要操作规程】

(1) 打开电源，对系统进行预热。

(2) 打开气体阀，调节压力，获得适宜的液流速度；开启光源冷却系统。

(3) 在样品管中加入去离子水，冲洗液流的喷嘴系统。

(4) 利用校准标准样品，调整仪器，使在激光功率、光电倍增管电压、放大器电路增益调定的基础上，0° 和 90° 散射的荧光强度最强，并要求变异系数为最小。

(5) 选定流速、测量细胞数、测量参数等，在同样的工作条件下测量样品和对照样品；同时选择计算机屏上数据的显示方式，从而能直观掌握测量进程。

(6) 样品测量完毕后，再用去离子水冲洗液流系统。

(7) 因为实验数据已存入计算机硬盘(有的机器还备有光盘系统，存储量更大)，因此可关闭气体、测量装置，而单独使用计算机进行数据处理。

(8) 将所需结果打印出来。

【注意事项】

(1) 光电倍增管要求稳定的工作条件，暴露在较强的光线下以后，需要较长时间的“暗适应”以消除或降低部分暗电流本底才能工作；另外还要注意磁屏蔽。

(2) 光源不得在短时间内(一般要 1h 左右)关上又打开，使用光源必须预热并注意冷却系统工作是否正常。

(3) 液流系统必须随时保持液流畅通，避免气泡栓塞，所使用的鞘流液在使用前要经过过滤、消毒。

(4) 注意根据测量对象的变换选用合适的滤片系统、放大器的类型等。

(5) 特别强调每次测量都需要对照组。

第三节　酶联斑点分析仪(ELISPOT 分析仪)

20 世纪 80 年代，国外的科研工作者根据 ELISA 技术的基本原理，建立了体外检测特异性抗体分泌细胞和 CK 分泌细胞的固相酶联免疫斑点技术(enzyme-linked immunospot assay，ELISPOT)。因其具有较高的特异性和敏感性，目前被国内外广泛应用，对探索自身免疫系统疾病、器官移植、疫苗和药品的研发与检测、T 细胞功能研究、肿瘤研究、传染病的研究和检测、病毒研究等具有重要意义。ELISPOT 比 ELISA 灵敏度高 10^2~10^3 倍。ELISPOT 不仅能分析细胞因子分泌的总量变化，更能独特检测活化淋巴细胞的数量变化。ELISPOT 可精确检测出 100 万个淋巴细胞中的一个活化细胞的细胞因子分泌。

【基本原理】

将抗细胞因子抗体包被固相载体，加入不同来源的细胞，细胞分泌的细胞因子与包被抗体结合，在细胞周围形成抗体-抗原(细胞因子)复合物。然后加入相应酶标记的抗细胞因子抗体，通过底物显色反应测定结合在固相载体上的细胞因子量，并可在光镜下观察分泌细胞因子的细胞。所用的包被抗体与酶标抗体应分别针对细胞因子的不同抗原决定基。亦可将细胞因子分泌到可结合蛋白质的膜上，用免疫化学法测定结合到蛋白质膜上的细胞因子。该法可用于检测效应细胞所分泌的单一细胞因子，从而避免生物活性测定法中多种具有相同生物学活性的细胞因子的干扰。若用已知抗原包被固相，也可测定分泌特异性抗体的 B 细胞的频率。

【主要操作规程】

1. 包被板

(1) 无菌去离子水加入包被抗体瓶中，混合 15s，室温放置 5min。

(2) 取出 50μL，加入 5mL 的无菌 PBS，混匀。加入 ELISPOT 板，每孔 50μL。

(3) 加入 50μL PBS/孔，盖上板盖，37℃ 1h 或 4℃过夜。

(4) 将其他包被抗体进行分装，50μL/瓶。−20℃保存。

2. 准备板

(1) 取出 ELISPOT 板，去掉液体，用无菌 PBST 洗涤 5 次(可以使用托盘，在超静工作台内进行)。

(2) 加入 200μL/孔的无菌 PBS-BSA，37℃ 1h 或 4℃过夜。

(3) 去掉液体，不用洗板。

(4) 加入 100μL 已准备好的细胞，细胞总数在(1~4)×10^5 个/孔(初次进行实验，应作刺激物浓度梯度和(或)细胞计数梯度预实验)。37℃ 5%CO_2 温箱孵育 5~20h，根据所检测细胞因子种类和是否进行了细胞预孵育来确定时间。

3. 检测

(1) 加入 500μL 的无菌去离子水到冻干的生物素标记的抗体瓶中，室温放置 5min。取出 100μL 加入到 10mL 的 PBS-BSA 中，混匀。其余的抗体，可以分装，−20℃保存。

(2) 取出 ELISPOT 板，去除培养细胞。加入冰冻去离子水 200μL/孔，将板放置在冰上 10min，PBST 洗板 10 次。

(3) 加入生物素标记的检测抗体，100μL/孔，37℃ 1h 或 4℃过夜。

(4) PBST 洗板 5 次。加入 500μL 的无菌去离子水到酶标记物瓶(GABA)中，室温放置 5min。取出 100μL 加入到 5mL 的 PBS-BSA 中，混匀。其余的酶标记物，可以分装，−20℃保存。

(5) 加入 50μL/孔的酶标记的抗体(GABA)，37℃1h 或 4℃过夜。

(6) 洗板 5 次，最后一次可以用 PBS，避免 Tween20 对显色剂的影响。

(7) 取出 1.5mL 显色剂Ⅰ和 1.5mL 显色剂Ⅱ， 4℃暗处混合。

(8) 加入 30μL/孔新鲜配制的显色剂Ⅰ/Ⅱ， 放置暗处，室温孵育 20~30min。至显微镜下可以观察到斑点为止；如 30min 内无明显斑点，可以重新加入显色剂。

(9) 去除显色液，使用去离子水清洗 ELISPOT 板。

(10) 室温干燥 ELISPOT 板，在倒置显微镜下观察结果或使用自动酶联斑点图像分析仪进行分析。

【注意事项】

(1) 操作 BCIP/NBT 显色液时最好戴上手套。

(2) 为了防止边缘影响，最好在 96 孔板外面包裹锡箔膜，包裹直到显色结束再弃去。

(3) 加样细胞和试剂时加样枪头千万不能碰触孔底的 PVDF 膜，以防止损坏 PVDF 膜。

(4) 试剂盒中的 96 孔板虽然不是无菌的，但是短暂的孵育时间和培养液中抗生素的存在，ELISPOT 的操作过程不会有污染的麻烦。

(5) 检测抗体和碱性磷酸酶-链霉亲和素最好现配现用。

(6) 为保证结果的准确性，建议做双复孔或三复孔。

(7) 实验结束后，不要在高于 37℃的温度下干燥 96 孔板，否则 PVDF 膜可能会破裂。

(8) 推荐以下对照设定

阳性对照：重组细胞因子或确定能分泌该种细胞因子的细胞。

阴性对照：相同数量的未刺激细胞。

背景对照：无菌细胞培养液。

检测抗体对照：用 PBS 代替检测抗体。

第四节 低温水平离心机

【主要原理】

离心机在高速旋转的过程中，由离心力所导致的运动使悬浮于液体中的固体物质形成沉淀，也就是悬浮液体中质量或体积较大的物体向转头半径最大的方向移动，而质量或体积较小的部分沉积在转头半径较小的地方。甩开转子(swing-out rotor)亦称水平转子(摆平转子)，离心管放置在吊杯里，吊杯是轴对称地挂在转子上。旋转时，吊杯受离心力而由垂直位置甩到水平位置，故也称为外摆动式转子和摆平吊杯转子等。当甩开转子在离心机中旋转时，离心力的作用方向是径向的，在水平切面是对称的扇形，只有离心管中心线上的颗粒与离心力场方向完全一致，其他位置的颗粒在沉降过程中会碰到管壁，沿管壁沉降。在甩开转子中的管壁效应没有在角转子中严重。离心管中的颗粒沉降路径与旋转轴垂直，最初样品区带中心的颗粒将径向沉降，然而靠近管壁处的颗粒会先与管壁碰撞，离管壁的距离不同，则到达管底的先后不同，使区带加宽，也会引起颗粒堆积成块、对流干扰和其他异常现象。

【主要操作规程】

(1) 将离心机放置于水平、坚实的台面上，注意四只机脚必须均衡受力，用手轻摇一下，检查离心机是否放置平稳。

(2) 打开门盖，检查转子与电机轴是否紧紧连接在一起，吊杯(适配器)在转子上是否倾斜自如，无阻滞现象。

(3) 插上电源插座，接通电源。

(4) 设置所需温度。按“选择”键，当温度窗口数码管闪烁时，即进入温度设置，再按“加”或“减”键确定离心机本次运行的温度。

(5) 待温度降到设置温度时，将装有溶液的离心管(15mL 离心管或 50mL 离心管或 96 孔板)连同相应的吊杯(适配器)一起用电子秤称重，相互之间质量误差应≤2g，以确保平衡运行，然后小心放上转子。注意吊杯(适配器)必须对称放置(溶液不够时可在容器内注入水替代)，以免转子运转时因受力不均而变形。

(6) 盖上门盖并检查是否确已锁好(关上后轻轻用力掀门盖，门盖掀不开为锁好)。

(7) 设定转速、时间等运行参数。每按一次“选择”键，温度、转速、时间窗口的数码管依次闪烁，正在闪烁的窗口表示该窗口已进入设置状态。

设置转速：按“选择”键，当转速窗口数码管闪烁时，即进入转速设置，再按“加”或“减”键确定离心机本次运行的转速。所配的水平转子(含适配器)都有各自的转子号及最高限速，在设置转速参数时必须严格遵守【技术指标】中配用转子栏内的限速规定，严禁超速运行，以确保操作安全。

设置时间：按“选择”键，当时间窗口数码管闪烁时，即进入时间设置，再按“加”或“减”键确定离心机本次运行时间(分钟)。

上述步骤完成时，应及时按下“认可”键予以确认，否则所设置数值在闪烁 8s 后将自动消除恢复原值。

(8) 最后，经仔细核对确认以上设置准确无误后，按“启动”键启动仪器进入运行。运行过程中若要看离心力数值，按一下“转速/离心力”键，黄灯亮，窗口显示当前转速下的离心力，再按此键恢复显示转速。

(9) 运行时间倒计时到 0 时，离心机将自动停止，当转速为 0 时，蜂鸣器鸣叫，按下“认可”键可取消鸣叫。运行过程中遇紧急情况按“停止”键，离心机停止运转时蜂鸣器不响。

(10) 当确认转子完全停转后，方可打开门盖，小心取出离心管，完成整个分离过程(注意：如因离心室上口密封圈对门盖的压力太大导致门盖难以打开时，可一手适当用力按压门盖，另一手按开启门盖的按钮)。

(11) 关闭电源开关，切断离心机电源。

【注意事项】

(1) 安放离心机的台面必须坚实、防震、水平，四只机脚应均匀受力，以免仪器运行时产生振动。

(2) 运转过程中不得移动离心机，严禁打开门盖。

(3) 在电机及转子未完全停止的情况下不得打开门盖，不得用手(或其他物品)强迫转子减缓旋转提前停止。

(4) 离心管加液后应连同吊杯(适配器)一起称重，相互之间误差应≤2g。误差较大时因不平衡运行导致振动将对仪器造成损坏。不平衡、振动剧烈可能导致严重后果。

(5) 若运行过程中出现不明原因的较大振动，应立即停机检查，找到原因且排除振动因素后方可继续运行。

(6) 仪器必须有可靠的接地保护。

(7) 分离结束后，应及时将仪器擦拭干净，同时关闭仪器的电源开关并拔掉电源插头。

(8) 每次运行前应仔细检查转子、吊杯(适配器)、离心管是否有裂纹、老化等现象，如有必须立即更换。

第五节　电　泳　仪

【主要原理】

带电粒子在直流电场作用下于一定介质中所发生的定向运动，利用这一现象对化学或生物化学组分进行分离分析的技术称为电泳。生物学上的重要物质如蛋白质、核酸、同工酶等，在溶液中能吸收或给出氢离子从而带电。因此，它们在电场影响下，在不同介质中的运动速度是不同的。这样用电泳的方法就可以对其进行定量分析，或者将一定混合物分离成各个组分及做少量制备。

【主要操作规程】

(1) 首先确定仪器电源开关应处于关闭状态。

(2) 连接电源线，确定电源插座是否有接地保护。

(3) 将黑红两种颜色的电极线对应插入仪器输出插口，并与电泳槽相对应插口连接好(如果发现电极插头与插口之间接触较松，可以用小改锥将插头的簧片向外拨一下)。

(4) 确定电泳槽中的试剂配制是否符合要求。

(5) 用电压调节旋钮或电流调节旋钮调到所需电压或电流。如果不熟悉如何预置电压电流，可以先确定是恒压输出，还是恒流输出。如果是恒流输出，则将电流调节为 0，将电压调至最大，然后开机，此时缓缓调节电流调节旋钮，直到所需电流值。如果是恒压输出，则将电压调为 0，将电流调为最大，然后开机，缓缓调节电压旋钮至所需电压值。注意，电源在任何情况下只能稳定一种参数(电压或电流)，电压电流之间的关系符合欧姆定律。

(6) 常用电泳仪一般均有两组并联输出插口，可以同时接两个电泳槽，但要求这两组电流之和不超过仪器的最大值。此时最好采用稳压输出，以减少两槽之间的相互影响。

(7) 如发现只有电压显示而电流输出为零，应检查输出端到电泳槽之间是否短路。使用中发现异常情况应立即关机，如果是仪器故障，应请维修人员复检。

【注意事项】

(1) 电泳仪、电泳槽通电进入工作状态后，禁止人体接触电极、电泳物及其他可能带电部分，也不能到电泳槽内取放东西，如需要应先断电，以免触电。同时要求仪器必须有良好接地端，以防漏电。

(2) 仪器通电后，不要临时增加或拨出输出导线插头，以防短路现象发生，虽然仪器内部附设有保险丝，但短路现象仍有可能导致仪器损坏。

(3) 由于不同介质支持物的电阻值不同，电泳时所通过的电流量也不同，其泳动速度及泳至终点所需时间也不同，故不同介质支持物的电泳不要同时在同一电泳仪上进行。

(4) 在总电流不超过仪器额定电流时(最大电流范围)，可以多槽并联使用，但要注意不能超载，否则容易影响仪器寿命。

(5) 某些特殊情况下需检查仪器电泳输入情况时，允许在稳压状态下空载开机，但在稳流状态下必须先接好负载再开机，否则电压表指针将大幅度跳动，容易造成不必要的人为机器损坏。

(6) 电泳仪、电泳槽使用过程中发现异常现象，如较大噪声、放电或异常气味，须立即切断电源，进行检修，以免发生意外事故。

(彭吉林　赵　杰)

基本实验

第三章　非特异性免疫实验

机体抵抗病原微生物感染的免疫机制主要包括非特异性免疫与特异性免疫，其中非特异性免疫(固有免疫)是机体对抗病原微生物感染的第一道防线，包括：皮肤的机械阻挡作用；黏膜可分泌许多液体，如泪液、唾液、肠液等，其中含有溶菌酶可溶解和杀死细菌；正常血清中含有许多抗菌物质，如补体系统、乙型溶素等，可杀死革兰阴性或阳性细菌；血液中的中性粒细胞和组织中的巨噬细胞对外来异物有吞噬和消化作用，自然杀伤(NK)细胞亦参与对抗病毒感染细胞及抗肿瘤效应。非特异性免疫生来即有，作用广泛，无专一性，不仅产生非特异抗感染免疫作用，而且在特异性免疫应答过程中也起重要作用。

第一节　溶菌酶的溶菌作用

溶菌酶主要是由吞噬细胞合成并分泌的一种分子质量约为 14.7kDa 的碱性蛋白质，属乙酰氨基多糖酶，不耐热。由于它的高等电点(pH11.0)，能与细菌牢固结合，从而水解细菌细胞壁肽聚糖，使细菌死亡或裂解，主要作用于革兰阳性细菌，溶菌酶还有激活补体和促吞噬作用。

【实验目的】

(1) 熟悉溶菌酶的溶菌作用的体外测定。

(2) 通过溶菌酶作用特点了解机体非特异性免疫。

【实验原理】

溶菌酶广泛存在于机体的泪液、唾液、痰、鼻腔分泌物及血清等体液中，检测体液溶菌酶水平在一定程度上反映单核-吞噬细胞系统的功能状态。

溶菌酶的溶菌活性可通过对革兰阳性微球菌(micrococus lysodeikticus)的裂解作用进行测定。本实验介绍纸片法进行唾液溶菌酶溶菌活性的测定。

【实验材料】

(1) 无菌 pH6.4、1/15mol／L PBS，5mol／L KOH 溶液，溶菌酶标准品。

(2) 微球菌普通琼脂斜面 26~36h 培养物。

(3) 受检者唾液。

(4) 3%琼脂(用 pH6.4、1/15mol／L PBS 配制)。

(5) 1mL、5mL 无菌吸管，无菌毛细吸管、平皿、无菌滤纸片(直径 4mm)、塑料小杯、小镊子等。

【实验方法】

(1) 含微球菌琼脂平板的制备。取无菌溶化的 3%琼脂 10mL，待冷至 60~70℃时加入 5mL 预热的微球菌菌液，迅速混匀，倾注于无菌平皿内，平放待凝。

(2) 收集唾液标本置于塑料小杯内。

(3) 溶菌酶标准品的配制。称取溶菌酶干粉 5mg，使其溶解于 5mL 的 0.15mol/L (pH6.4) 磷酸盐缓冲液内，即获 1000μg/mL 溶菌酶溶液。然后将其做 1∶5、1∶10、1∶20、1∶40 和 1∶80 倍比稀释，成为每毫升含 200μg、100μg、50μg、25μg 和 12.5μg 的标准溶菌酶液。

(4) 取滤纸片分别于标准溶菌酶液、待检标本(唾液)和生理盐水(阴性对照)中浸透。

(5) 用记号笔在含微球菌的琼脂平板底面先做好标记，再用小镊子分别夹取含不同浓度溶菌酶的滤纸片及含待测标本或对照的纸片，小心平贴于琼脂表面。

(6) 置平板于 37℃温箱 18~24h 后观察结果。

【实验结果】

观察滤纸片周围是否出现透明的溶菌环。如有，用游标卡尺测量溶菌环直径。以标准品溶菌酶的浓度为横坐标，相应浓度溶菌环直径的平均值为纵坐标，在半对数坐标纸上绘制标准曲线。并根据检测样品的溶菌环直径，从标准曲线上找出其相应溶菌酶浓度，乘以样品的稀释倍数，则可对标本中所含溶菌酶做定量测定。

【注意事项】

(1) 滤纸片应浸有足够的标准品或样品，但不能成滴溢出。

(2) 最好在每个琼脂平板上都放有不同浓度的标准品滤纸片，可以尽量减少平板间的结果误差。

【思考题】

(1) 溶菌酶的溶菌作用有何生物学意义?

(2) 为什么要对溶菌酶进行定量测定?

第二节　补体参与的实验

补体是存在于人和脊椎动物血清与组织液中一组经活化后具有酶活性的蛋白质，广泛参与机体抵抗微生物防御反应及免疫调节，也可介导免疫病理的损伤性反应，是体内具有重要生物学作用的效应系统和效应放大系统。

实验一　溶 血 实 验

【实验目的】

(1) 掌握补体在溶血实验中的作用。

(2) 熟悉体外溶血现象的判断。

【实验原理】

小鼠或家兔等动物经绵羊红细胞(SRBC)免疫后血清中可出现抗 SRBC 的抗体。采集免疫动物血液分离血清，即可获得抗 SRBC 的抗血清。用 SRBC 与相应抗血清混合时，当有补体存在时，在一定条件下，SRBC 被破坏溶解，故抗 SRBC 抗体又称为溶血素。使一定量 SRBC 完全溶解的溶血素最高血清稀释度称溶血素的效价。

【实验材料】

(1) 抗体：含溶血素血清(用生理盐水 1∶100 稀释)。

(2) 抗原：1% SRBC 悬液。

(3) 补体：取自豚鼠新鲜血清，生理盐水 1∶30 稀释。

(4) 其他：37℃水浴箱、试管、吸管、生理盐水等。

【实验方法】

(1) 取 5 支小试管，编号列于试管架上。

(2) 第 1、第 3、第 4 管各加入生理盐水 0.25mL，第 5 管加入生理盐水 0.5mL。第 2 管不加生理盐水。

(3) 第 1、第 2、第 4 管各加溶血素 0.25mL。

(4) 第 1、第 2、第 3、第 5 管各加入 1% SRBC 悬液 0.25mL。充分混匀，静置 15min。

(5) 第 2、第 3、第 4 管各加入补体 0.25mL。充分混匀， 37℃水浴箱中静置 30min，取出观察结果。具体方法可参照表 3-1 所示。

表 3-1 溶血反应

孔号	1	2	3	4	5
生理盐水/mL	0.25	—	0.25	0.25	0.5
溶血素(1∶100 稀释)/mL	0.25	0.25	—	0.25	—
1% SRBC 悬液/mL	0.25	0.25	0.25	—	0.25
充分混匀，静置 15min					
补体(1∶30 稀释)/ mL	—	0.25	0.25	0.25	—
充分混匀，37℃水浴箱中静置 30min，取出观察结果					

【实验结果】

完全溶血：溶液深红色，完全透明。记录：完全溶血(阳性)。

不溶血：溶液浅红色，不透明。记录：不完全溶血(阴性)。

【结果分析】

绵羊红细胞(抗原)与适量的溶血素(绵羊红细胞的相应抗体)特异性结合后，在一定量补体(豚鼠血清)参与下，可引起绵羊红细胞溶解(溶血)，根据此原理进行结果分析如下。

第 1 管中只有 SRBC 和溶血素，没有补体参与。结果：不溶血 (表示实验阴性)。

第 2 管中有 SRBC 和溶血素，还有补体参与，结果：溶血 (表示实验阳性)。

第 3 管中只有 SRBC 和补体，没有溶血素，结果：不溶血 (表示实验阴性)。

第 4 管中只有溶血素和补体，没有 SRBC，结果：不溶血 (表示实验阴性)。

第 5 管中只有 SRBC，没有溶血素和补体，结果：不溶血 (表示实验阴性)。

各管所加生理盐水只是补足液体容量，使各实验管的最终容量一致。

【思考题】

(1) 补体参与的溶血机制？

(2) 补体激活的途径和生物学意义？

实验二 溶血素的滴定

【实验目的】

(1) 掌握溶血素效价的测定方法。

(2) 熟悉补体参与溶血素作用的机制。

【实验原理】

SRBC 作为颗粒性抗原在体外与其相应抗体(免抗 SRBC 免疫血清)结合，玻片实验即可出现肉眼可见的凝集块，即凝集实验阳性。当 SRBC 在试管中与其相应免疫血清结合后，在补体作用下，将导致 SRRC 裂解，发生补体参与的溶血反应。当反应体系中的 SRBC 和补体量一定时，其溶血反应程度与溶血素的效价呈正比，此即为补体参与的溶血实验，借此可测定溶血素的效价。

【实验材料】

(1) 免疫血清：溶血素。

(2) 1% SRBC 悬液。

(3) 补体：豚鼠新鲜血清。

(4) 生理盐水。

(5) 器材：试管、吸管、试管架、恒温水浴箱、玻片等。

【实验方法】

(1) 稀释溶血素。

取 10 支小试管，编号列于试管架上，加入生理盐水，第 1 管 0.5mL，第 2 管 0.75mL，第 3 管 1mL，第 4~9 管各 0.25mL。

溶血素(1∶100)分别加入 1、2、3 号管，每管 0.25mL，即成 1∶300、1∶400、1∶500 稀释的溶血素，然后再进行倍比稀释。使溶血素稀释度从第 1~9 管分别为 1∶300、1∶400、1∶500、1∶600、1∶800、1∶1000、1∶1200、1∶1600、1∶2000。

(2) 按表 3-2 顺序加入各成分，第 10 管不加溶血素，为绵羊红细胞对照管。

表 3-2 溶血素的滴定

试管	溶血素 0.25mL	1%绵羊血细胞 /mL	生理盐水 /mL		补体 1∶30/mL		结果观察
1	1∶300	0.25	0. 5	充分混匀，静置15min	0.25	充分混匀，静置于37℃水浴箱30min	完全溶血
2	1∶400	0.25	0.75		0.25		完全溶血
3	1∶500	0.25	1.00		0.25		完全溶血
4	1∶600	0.25	0.25		0.25		完全溶血
5	1∶800	0.25	0.25		0.25		完全溶血
6	1∶1000	0.25	0.25		0.25		大部分溶血
7	1∶1200	0.25	0.25		0.25		半溶血
8	1∶1600	0.25	0.25		0.25		不溶血
9	1∶2000	0.25	0.25		0.25		不溶血
10	—	0.25	0.5		0.25		不溶血

【实验结果】

观察溶血现象，以呈现完全溶血的血清最高稀释度为溶血素效价，如上表中溶血素效价为 1∶800。

【注意事项】

(1) 实验所用补体应采用豚鼠新鲜血清。

(2) 补体性质极不稳定，需对实验条件和各个环节加以严格控制。

(3) 免抗人 IgG 免疫血清的鉴定可采用双向免疫扩散法。

【思考题】

(1) 兔抗 SRBC 免疫血清的鉴定为什么采用玻片凝集实验?

(2) 溶血素效价的滴定采用哪种方法?应注意哪些事项?

实验三 总补体溶血活性测定(CH_{50}测定)

【实验目的】

测定 CH_{50} 用于检查机体补体系统的功能。

【实验原理】

总补体溶血活性测定(total hemolytic complement assay, CH_{50} 测定)是利用补体能使溶血素致敏的绵羊红细胞(致敏的绵羊红细胞即绵羊红细胞与相应抗体形成的免疫复合物)发生溶血,当致敏红细胞浓度恒定时,在一定范围内溶血程度与补体的量及活性成正比关系。因此,以溶血程度为纵坐标,补体量为横坐标绘图,可得"S"形曲线,如图 3-1 所示,曲线两端平坦,补体量的增减与溶血程度影响不大,而在曲线中段(50%溶血附近)曲线最陡,几乎成一垂直线,此时补体量的细微变化可引起溶血程度的明显改变,故取 50%溶血为终点观察指标,即以引起 50%溶血的最小血清量作为一个 CH_{50} 单位。临床上,CH_{50} 测定可用于某些超敏反应性疾病的辅助诊断,也可作为观察病情变化的指标。

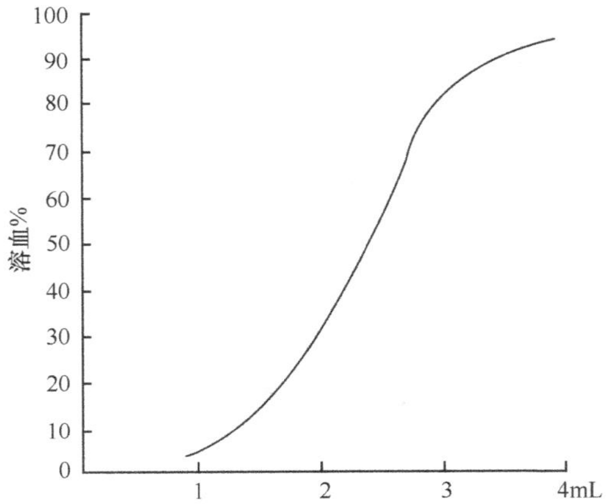

图 3-1 补体介导的溶血反应曲线

【实验材料】

(1) 绵羊红细胞(SRBC)(保存于 Alsever 液)。

(2) 滴定过的溶血素(可购买)。

(3) 豚鼠血清(作为补体)。

(4) pH 7.4 巴比妥缓冲液。

(5) 50%溶血标准管:取 2% SRBC 1mL, 1000r/min,离心 10min,弃上清。压积红细胞加入蒸馏水 0.5mL 以裂解红细胞,然后加入 1.7% NaCl 溶液 0.5mL,充分混匀。再加 2% SRBC 悬液 1mL,充分混匀。取此管悬液 0.1mL 加入 pH 7.4 巴比妥缓冲液 0.5mL,混匀后即为 50%溶血标准管。于分光光度计(541nm)测定其 OD 值,每次实验可根据此 OD 值调整红细胞悬液。

(6) 试管、吸管、离心机、37℃水浴箱、分光光度计等。

【实验方法】

(1) 用巴比妥缓冲液洗涤 SRBC,1000r/min,离心 3min。

(2) 用巴比妥缓冲液重悬 SRBC,配成 2% SRBC。

(3) 将 SRBC 悬液与 2 单位溶血素等量混合,37℃水浴 30min,使 SRBC 致敏。

(4) 按下表 3-3 排列试管,加入不同成分,37℃水浴 60min。

(5) 将所有试管在 4℃中 1000r/min,离心 10min。

表 3-3　CH_{50} 测定

试管号	1∶60 稀释豚鼠血清 /mL	缓冲液/mL	致敏 SRBC/mL	37℃水浴 60min	结果/(U/mL)
1	1.5	5.0	1.0	—	40
2	2.0	4.5	1.0	—	30
3	2.5	4.0	1.0	—	24
4	3.0	3.5	1.0	—	20
5	3.5	3.0	1.0	—	17.1

【实验结果】

(1) 各管与 50%溶血管标准管作比较，观察溶血程度。

(2) 取与 50%溶血管标准管相接近的二管在分光光度计(541nm，0.5cm 比色杯)读取 OD 值，以最接近 50%溶血管标准管的一管值，按下列公式求得补体总溶血活性。此数值即用以表示血清的总补体活性。

血清总补体 CH_{50}(U/mL)=1/血清用量×稀释倍数

本法测得总补体的正常参考值：30~40U/mL。

【注意事项】

(1) 缓冲液、致敏羊红细胞均应新鲜配制(致敏 SRBC 在 24h 内使用)。

(2) 实验器材应清洁。

(3) 待测标本必须新鲜，应无溶血、无污染、无乳糜血。如放置 2h 会使补体活性下降。

(4) 补体的溶血活性受多种因素的影响，如绵羊红细胞浓度及致敏抗体的量等。钙离子、镁离子的存在可稳定溶血系统，但含量过多时，反而抑制溶血反应。

【思考题】

(1) CH_{50} 降低可能与哪些疾病情况相关?

(2) 血清标本放置时间长后补体活性会有何变化?

第三节　吞噬细胞的吞噬作用及吞噬杀菌功能测定

病原微生物一旦突破体表防御屏障侵入机体，首先接触遍布全身的大、小吞噬细胞，它们分布于血液和组织中，并可在某些趋化因子的作用下被吸引至微生物侵入部位。吞噬细胞依据其形态大小分为两大类：一类是血液中的单核细胞及由血液游走到血管外并固定于各组织中的巨噬细胞，称为大吞噬细胞；另一类是血液中的中性粒细胞称为小吞噬细胞。它们是机体非特异性免疫的重要因素。

【实验目的】

(1) 熟悉白细胞吞噬实验的原理和方法。

(2) 通过实验理解机体的非特异性免疫机制。

实验一　巨噬细胞的吞噬作用——大吞噬现象(体外法)

【实验原理】

巨噬细胞具有吞噬大颗粒性物质(如细胞等)作用，吞噬率、吞噬指数可以反映该细胞的吞噬功能。

【实验材料】

(1) 动物：豚鼠。

(2) 1%鸡红细胞：无菌操作抽取鸡翅静脉血，抗凝，置于离心管中，用无菌生理盐水洗 3 次，最后一次离心 2000r/min，10min，按压积将鸡红细胞用 Hank's 液配成 1%浓度。

(3) 6%淀粉溶液。

(4) 无菌注射器及针头。

【实验方法】

(1) 用注射器吸取 6mL 6%淀粉溶液，注入豚鼠腹腔内。

(2) 次日重复注入 6mL 6%淀粉溶液，经 1h 后再注入 3mL 洗涤过的 1%鸡红细胞悬液。

(3) 经 1h 后，用 5mL 注射器(带 9 号针头)抽取豚鼠腹腔渗出液，滴于载片上，每片 2~3 滴，制作涂片。

(4) 待其自然干燥，用瑞特氏染色液染色。①于玻片上滴加瑞特氏染色液数滴覆盖涂片，染色 1min。②滴加相当于染色液 1.5 倍量的 pH6.8 磷酸盐缓冲液(可用蒸馏水代替)于涂片上，轻摇玻片，混匀染色液，染 8~10min。③流水冲洗，印干后用油镜观察结果。

【实验结果】

因巨噬细胞为贴壁生长细胞，能黏附在清洁载玻片上，故经瑞特氏染色后，镜下可见巨噬细胞呈椭圆形、肾形或马蹄形，其核较大，染色质比较疏松，染成淡紫蓝色，细胞质染成浅灰蓝色，如有吞噬作用发生，可见巨噬细胞细胞质中有一个以上的有核鸡红细胞。如果吞噬的鸡红细胞较多，则巨噬细胞细胞核被挤到一侧，其形态不典型。随机计数 100 个巨噬细胞，分别计数吞噬有鸡红细胞的巨噬细胞数和被吞噬的鸡红细胞总数。

此外，在计数时，应同时注意鸡红细胞被消化的程度，分为以下 4 级。

Ⅰ级　未消化——细胞质浅红色或浅黄绿色、细胞核浅紫红色。

Ⅱ级　轻度消化——细胞质浅黄绿色；细胞核固缩，染成紫蓝色。

Ⅲ级　重度消化——细胞质淡染，细胞核成浅灰黄色。

Ⅳ级　完全消化——巨噬细胞内只见形状似红细胞大小的空泡，边缘整齐，细胞核隐约可见。

吞噬百分率和吞噬指数增高，表明机体大吞噬细胞的吞噬能力强，反之则吞噬能力弱。

实验二　中性粒细胞的吞噬作用——小吞噬现象(体内法)

(一) 体内法

【实验原理】

中性粒细胞具有吞噬杀菌功能，当与颗粒性物质(如葡萄球菌等)混合孵育一定时间后，颗粒性物质被吞噬杀灭，根据吞噬率、吞噬指数可反映该细胞的吞噬功能。

【实验材料】

(1) 白色葡萄球菌菌液，将白色葡萄球菌接种于营养琼脂斜面上，培养 18~24h，用无菌生理盐水洗下培养物，经 Mafaland 比浊法配成 3×10^{8} 个/mL 的悬液备用。

(2) 清洁载玻片、无菌注射器(1mL)及 6 号、9 号针头。

(3) 无菌肉汤。

(4) 小鼠(雌雄随机)体重 25g 左右。

(5) 瑞氏染色液，pH6.8 磷酸盐缓冲液(或蒸馏水)。

【实验方法】

(1) 于实验前 1h 给小鼠腹腔内注射 1mL 肉汤，诱导浆液渗出。

(2) 用带 6 号针头的注射器向小鼠腹腔内注射白色葡萄球菌菌液 1mL，让小鼠活动。

(3) 分别在注射菌液 30~45min 后按前述方法处死并剖开小鼠并用带 9 号针头的注射器或毛细吸管抽取腹腔液涂片，自然干燥。

(4) 瑞特氏染色后，油镜观察。

【实验结果】

中性粒细胞的细胞核染成深紫红色，核分 2~5 叶，细胞质染成淡粉红色，白色葡萄球菌染成深紫色。随机计数 100 个中性粒细胞，分别计数吞噬有细菌的吞噬细胞数和所吞噬的细菌总数，分别计算出吞噬百分率和吞噬指数。

$$\text{吞噬百分率}(\%)=\frac{\text{吞噬细菌的中性粒细胞数}}{100}\times 100\%$$

$$\text{吞噬指数}=\frac{\text{被吞噬的细菌总数}}{\text{观察记录的吞噬细胞总数}}$$

(二) 体外法

【实验原理】

中性粒细胞具有吞噬杀菌功能，当与颗粒性物质(如葡萄球菌等)混合孵育一定时间后，颗粒性物质被吞噬杀灭，根据吞噬率、吞噬指数可反映该细胞的吞噬功能。

【实验材料】

(1) 表皮(白色)葡萄球菌菌液(浓度 6 亿~10 亿个/mL)。

(2) 肝素溶液(25U/mL)。

(3) 甲醇、碱性美兰(或瑞氏)染色液。

(4) 血红蛋白吸管、凹玻片、载玻片、采血针、微样加样器、湿盒、显微镜、恒温培养箱、75%乙醇、棉球、香柏油、擦镜纸、二甲苯。

【实验方法】

(1) 用微样加样器，吸取肝素 20μL，加入洁净凹玻片凹孔内。

(2) 用酒精棉球消毒耳垂或手指指腹后，刺破皮肤，以血红蛋白吸管吸血 40μL，立即放入盛有肝素溶液的凹玻片孔内，混匀。

(3) 用微样加样器取葡萄球菌菌液 20μL 加入已加有抗凝血的凹玻片孔内，充分混匀。

(4) 37℃静置孵育 30min，期间于 15min 时摇匀一次。

(5) 取一滴全血菌液混合液，置于载玻片上，用另一载玻片推成薄血片，待干。

(6) 滴加甲醇固定 3min，水洗。

(7) 加碱性美兰染色 1~2min，水洗，晾干。

(8) 油镜观察吞噬和未吞噬的白细胞。

【实验结果】

(1) 吞噬百分率。观察 100 个中性粒细胞，计数吞噬百分率，以表示白细胞的吞噬功能。

(2) 吞噬指数。观察 100 个中性粒细胞，计数被吞噬的细菌总数，平均每个中性粒细胞吞噬的细菌数即为吞噬指数。

$$吞噬百分率(\%)=\frac{吞噬细菌的中性粒细胞数}{100}\times 100\%$$

$$吞噬指数=\frac{被吞噬的细菌总数}{观察记录的吞噬细胞总数}$$

【注意事项】

(1) 小吞噬实验中要掌握好抗凝剂与血液的比例，否则会使红细胞和白细胞破坏，影响结果观察。

(2) 越接近涂片末梢细胞数越多，故计数时应取片子的前、中、后三段计数，以提高准确性。

(3) 在染色前，涂片必须在空气中自然干燥后再染色，避免加热干燥。否则细胞因受热脱水而皱缩，影响吞噬现象的观察。

实验三　中性粒细胞的杀菌功能测定——硝基蓝四氮唑(NBT)还原实验

【实验原理】

中性粒细胞在杀菌过程中能量消耗剧增，耗氧量增加，葡萄糖己糖磷酸旁路代谢的活力增强，此时如加入硝基蓝四氮唑(nitrobluetetra-zolium，NBT)，葡萄糖分解的中间产物6-磷酸葡萄糖氧化所脱的氢可被 NBT 接受，NBT 被还原，从淡黄色变成蓝黑色，以点状或斑块状颗粒沉积于细胞质中，这种细胞称为 NBT 阳性细胞。镜下检查 NBT 阳性细胞数量便可推知中性粒细胞的功能，临床上也可作慢性肉芽肿等吞噬细胞功能缺陷病的辅助诊断指标。

【实验材料】

(1) 清洁小试管(12mm × 100mm)、载玻片、毛细吸管。

(2) 肝素抗凝的人外周血。

(3) 生理盐水。

(4) NBT 试剂：0.28% NBT 生理盐水溶液 0.6mL、牛血清 0.5mL、生理盐水、0.3mL 的混合液。

(5) 瑞特氏染色液。

(6) 37℃水浴箱等。

【实验方法】

(1) 滴加一滴肝素抗凝的人血标本于清洁载玻片上，湿盒内放置 10min，在此期间中性粒细胞可黏附在载玻片上。

(2) 用生理盐水轻轻冲洗玻片，冲去未黏附的细胞，并用吸水纸吸去多余的水分。

(3) 标本上加 1 滴 NBT 试剂，放湿盒内于 37℃水浴反应 20min。取出载玻片，自然干燥。

(4) 瑞特氏染色，油镜镜检。

【实验结果】

中性粒细胞细胞质中出现点状或块状蓝黑色沉淀物的为 NBT 阳性细胞。计数 100 个中性粒细胞，求出 NBT 阳性细胞百分率。百分率越高，表明中性粒细胞的吞噬功能越强。阳性细胞百分率可作为区别细菌性与病毒性感染的指标之一，当机体受细菌感染时，NBT 阳性细胞增多，受病毒感染时，NBT 反应一般正常。

【注意事项】

(1) 瑞特氏染色时染液与磷酸盐缓冲液的比例一定要合适。

(2) NBT 染液用前要过滤，不要残留颗粒。

(3) 所用玻片必须干净，以避免玻璃表面杂质参与 NBT 的还原作用。

【思考题】

(1) 为什么说吞噬细胞是机体抗感染的重要防线?如果吞噬功能丧失，对机体会有什么影响?

(2) 镜下观察如何区分吞噬的细菌和黏附在吞噬细胞表面的细菌?

(3) 小吞噬实验与 NBT 还原实验意义上有什么区别?

(4) 为何 NBT 还原实验可以区别受试者是受细菌感染还是受病毒感染?

第四节　NK 细胞功能测定

NK 细胞来源于骨髓干细胞，其发育成熟依赖于骨髓的微环境。它主要分布于外周血中，占 PBMC5%~10%，淋巴结和骨髓中也有 NK 活性，但水平较外周血低。细胞表面有 KAR(杀伤细胞活化受体)和 KIR(杀伤细胞抑制受体)，主要功能是非特异性杀伤某些肿瘤和病毒感染的靶细胞，因此在机体抗肿瘤和早期抗病毒或胞内寄生菌感染的免疫过程中起重要作用。

NK 杀伤活性的测定方法有很多，包括形态法、MTT 法、^{51}Cr 特异释放法、乳酸脱氢酶释放法，下面介绍后面三种方法。

实验一　MTT 法

【实验目的】

(1) 掌握 NK 细胞的作用特点。

(2) 熟悉 NK 细胞活性 MTT 测定法。

【实验原理】

将对 NK 细胞敏感的 YAC-1 细胞与 NK 细胞共同培养 24h，NK 细胞可以杀伤靶细胞，此时加入 MTT(四甲基偶氮唑盐)，未杀伤的 YAC-1 细胞内的线粒体氧化酶可使淡黄色的 MTT 还原成紫黑色的颗粒。该颗粒溶解后，其液体的光密度值与活细胞数及代谢活性呈正相关，与 NK 细胞杀伤活性呈负相关。因此，可以推论出待测标本中的 NK 细胞杀伤活性。

【实验材料】

(1) YAC-1 细胞系(小鼠淋巴细胞瘤细胞)。

(2) $C_{57}BL/6$ 小鼠，雌性，(18 ± 2)g。

(3) MTT(四甲基偶氮唑盐)配成 5mg/mL。

(4) DMSO(二甲基亚砜)。

(5) 酶联免疫吸附测定仪。

【实验方法】

1. 效应细胞制备

(1) 将小鼠颈椎脱位处死，用酒精棉球消毒腹部，剪开腹部皮肤和腹膜，无菌取脾脏，除去脂肪膜等，放入加有约 5mL PBS 液的平皿中，用镊子轻轻将脾磨碎，制成单细胞悬液。

(2) 经 200 目筛网过滤，或用 4 层纱布将脾磨碎，或用 Hank's 液洗 2 次，每次离心 10min(1000r/min)，弃上清。将细胞质弹起，加入 0.5mL 灭菌水 20s，裂解红细胞后再加入 0.5mL 两倍 Hank's 液及 8mL Hank's 液，1000r/min，10min 离心，用 1mL 含 10%小牛血清的 RPMI 1640 完全培养液重悬，用 1%冰乙酸稀释后计数(活细胞数应在 95%以上)，用台盼蓝染色计数活细胞数(应在 95%以上)，最后用 RPMI 1640 完全培养液调整细胞浓度为 5×10^6 个/mL。

2. 靶细胞的制备　取生长旺盛的 YAC-1 细胞，用含 10%小牛血清的 RPMI 1640 完全培养液洗涤后，调整细胞浓度为 2×10^5 个/mL。

3. 细胞毒作用

(1) 实验分组。取 96 孔细胞培养板。①实验组，在实验孔中分别加入效应细胞和靶细胞各 100μL，效靶比例为 50∶1；②效应细胞对照组，加入效应细胞和 RPMI 1640 液各 100μL；③靶细胞对照组，加入靶细胞和 RPMI 1640 液各 100μL；每实验组均设 3 个复孔。混匀，37℃，5% CO_2 条件下培养 18~24h，然后加入 MTT，20μL/孔，继续培养 4h。

(2) 吸去部分上清，100μL/孔，各孔加入 DMSO 100μL/孔，轻轻振荡至完全溶解，在酶联免疫吸附测定仪上，测波长为 570nm 处的 OD 值。

【实验结果】

根据以下公式，计算待测样本中 NK 细胞杀伤活性：

$$\text{NK}=\text{细胞杀伤活性}(\%)=(1-\frac{\text{OD}_{\text{E+T}}-\text{OD}_{\text{E}}}{\text{OD}_{\text{T}}})\times100\%$$

式中，$\text{OD}_{\text{E+T}}$ 为实验孔的平均 OD 值，OD_{E} 是效应细胞对照孔的平均 OD 值，OD_{T} 是靶细胞对照孔的平均 OD 值。

实验二　^{51}Cr 释放法

【实验目的】

(1) 掌握 NK 细胞的作用特点。

(2) 熟悉 NK 细胞活性同位素释放测定法。

【实验原理】

$Na_2{}^{51}CrO_4$ 能进入到增殖的细胞内，与细胞质蛋白质牢固结合。当标记的 ^{51}Cr 细胞受到损伤或死亡之后，即可释放出 ^{51}Cr。^{51}Cr 辐射 γ 射线，通过测定受损伤或死亡靶细胞释放到上清中的 ^{51}Cr，即可计算出 NK 细胞活性。

【实验材料】

(1) YAC-1 细胞系(小鼠淋巴细胞瘤细胞)。

(2) C_{57}BL/6 小鼠，雌性，(18 ± 2)g。

(3) $Na_2{}^{51}CrO_4$(铬酸钠)比放射性 100~150μCi①/μg，放射性强度 1~2mCi/mL。

(4) 1% TritonX-100(*V*/*V*)，双蒸水配制。

(5) γ-计数器。

【实验方法】

1. 效应细胞(NK 细胞)制备　见 MTT 法。

2. 靶细胞制备　取生长状态良好的 YAC-1 细胞 1×10^6 个/mL，用 200μCi $Na_2{}^{51}CrO_4$ 标记，置 37℃水浴 1h，洗涤 2 次后，稀释到 1×10^5 个/mL。

3. 细胞毒实验　取 40 孔培养板，分三组进行。①实验组：在孔中分别加入效应细胞和靶细胞各 100μL，效靶比例为 100：1。②自发释放组(阴性对照组)：加入效应细胞和 RPMI 1640 液各 100μL。③最大释放组：加入靶细胞 100μL，1% TritonX-100 100μL。每实验组均设 3 个复孔，混匀后，37℃，5% CO_2 条件下培养 4h。然后 2000r/min 离心 15min，取上清，用 γ-计数器测放射性(cpm)。

【实验结果】

根据以下公式，计算 NK 细胞杀伤活性：

$$\text{NK细胞杀伤活性}(\%)=\frac{\text{实验组cpm}-\text{自发释放组cpm}}{\text{最大释放组cpm}-\text{自发释放组cpm}}\times100\%$$

【注意事项】

(1) 效靶细胞比例一般选择(50~100)：1，其自然杀伤率不再呈对数增加。

(2) 用同位素标记靶细胞时，每次实验应根据 ^{51}Cr 的半衰期适当调整需要的同位素用量。此外，应用同位素释放法时，应注意实验防护和环境污染等问题。

(3) 标记靶细胞后要充分洗涤，去除未结合的同位素，否则对结果影响较大。

(4) 只适用短期培养，通常 4~6h，如孵育时间过长，会因标记的靶细胞自发释放率增加而影响结果。

实验三　乳酸脱氢酶释放法

【实验目的】

(1) 掌握 NK 细胞的作用特点。

(2) 熟悉 NK 细胞活性乳酸脱氢酶测定法。

【实验原理】

乳酸脱氢酶(LDH)存在于细胞内，正常情况下，不能透过细胞膜。当细胞受到损伤时，由于细胞膜通透性改变，LDH 可从细胞内释放至培养液中。释放出来的 LDH 在催化乳酸的过程中，使氧化型辅酶Ⅰ(NAD^+)变成还原型辅酶($NADH_2$)，后者再通过递氢体——吩嗪二甲酯硫酸盐(PMS)还原碘硝基氯化氮唑蓝(INT)或硝基氯化四氮唑蓝(NBT)形成有色的甲基化合物，在 490nm 或 570nm 波长处有一吸收峰，利用读取的 A 值，即可测得杀伤细胞毒活性。

【实验材料】

(1) YAC-1 细胞系(小鼠淋巴细胞瘤细胞)。

①$1Ci=3.7\times10^{10}Bq$

(2) $C_{57}BL$：6 小鼠，雌性，(18 ± 2)g。

(3) LDH 底物溶液(临用前配制)：硝基氯化四氮唑蓝(NBT)4mg，氧化型辅酶 I 10mg，吩嗪二甲酯硫酸盐(PMS)1mg，加蒸馏水 2mL 溶解，混匀后取上层液 1.6mL 加 1 mol/L 乳酸钠 0.4mL，然后加入 0.1mol/L pH 7.4 PBS 至 10mL。

(4) 1%NP-40：用 RPMI 1640 培养液配制。

(5) 1 mol/L 枸橼酸终止液。

【实验方法】

1. 靶细胞制备 取培养 24~48h 的靶细胞，洗涤 3 次，最后用完全 RPMI 1640 培养液调整细胞浓度至 1×10^5 个/mL，备用。

2. 效应细胞的制备 常规方法分离小鼠脾细胞，洗涤 3 次，最后用完全 RPMI 1640 营养液调整细胞浓度至 1×10^7 个/mL。

3. 效-靶细胞作用 将效应细胞和靶细胞各 0.1mL(E：T=100：1)加入 40 孔细胞培养板的孔，每份标本设 3 复孔，同时设靶细胞自然释放对照组和最大释放对照组(0.1mL 靶细胞+0.1mL 1% NP-40 液)，低速离心 1000r/min，2min 后，置 37℃、5% CO_2 温箱中孵育 2h。

4. 酶促反应 取出培养物，吸取各孔上清 0.1mL 于另一培养板孔中，置 37℃预温 10min，每孔加入新鲜配制的底物溶液 0.1mL，室温避光反应 10~15min，每孔加入 1mol/L 枸橼酸终止液 30μL，以终止酶促反应。

【实验结果】

结果计算：用酶联检测仪在 570nm 波长下读取各孔 OD 值，并计算 NK 细胞活性。

$$\text{NK细胞杀伤活性}(\%)=\frac{\text{实验组OD值}-\text{自发释放对照组OD值}}{\text{最大释放对照组OD值}-\text{自发释放对照组OD值}}\times 100\%$$

【注意事项】

(1) 无论采用何种实验方法，靶细胞的质量是影响细胞标记率、自然释放率及实验稳定性的重要因素。一般要求靶细胞的自然释放率<10%。

(2) 吸取细胞培养上清时，应尽可能不要吸动沉淀的细胞。

【思考题】

(1) NK 细胞杀伤靶细胞需要抗原致敏吗？

(2) 正常细胞释放 LDH 吗？

(赵俊杰)

第四章　免疫细胞的分离及功能检测

第一节　免疫细胞的分离

免疫细胞(immune cell)泛指参与免疫应答或与之有关的细胞，包括T淋巴细胞、B淋巴细胞、NK细胞、粒细胞、单核巨噬细胞及DC细胞等。分离免疫细胞，用体外方法进行计数、功能等的测定，是观察机体免疫状态的一种重要手段。常用分离方法包括物理特性分选、黏附特性分选和表面标志免疫分选法等，其中根据表面标志分子免疫分选主要有亲和淘洗法、流式细胞术(fluid cytometry，FCM)及磁性细胞分离术(MACS)，是目前应用最为广泛的细胞分选技术。

实验一　外周血中白细胞的分离

外周血液中红细胞与白细胞比例为(600~1000)∶1，两者的密度不同，其沉降速度不同，通常用自然沉降法、高分子量的聚合物沉降法两种方法加以分离。然后，利用红细胞对渗透压敏感，低渗(常用0.83%NH_4Cl溶液)处理裂解红细胞，借以纯化白细胞。

【实验目的】

掌握分离白细胞的原理及常见方法。

【实验原理】

红细胞与白细胞密度不同，利用红细胞沉降率较快，使白细胞与之分离。利用高分子量的聚合物如明胶、右旋糖酐、聚乙烯吡咯烷酮(polyvinyl pyrolidone，PVP)等与红细胞的黏合作用，可加速红细胞的沉降，收集富含白细胞的上层液得白细胞。

【实验材料】

(1) 无钙镁Hank's液或PBS、肝素抗凝剂、6%右旋糖酐生理盐水、3%白明胶生理盐水、2%台盼蓝染液。

(2) 低渗0.83% NH_4Cl溶液：取0.83g NH_4Cl，0.1g $KHCO_3$，0.0037g EDTA·2Na，加蒸馏水至100mL。

(3) 试管、毛细吸管、水平离心机等。

【实验方法】

(1) 取3~10mL肝素抗凝静脉血，加等体积的6%右旋糖酐生理盐水，混匀后将试管直立，使红细胞下沉。

(2) 室温静置30~60min，待红细胞自然沉降。血液明显分成三层，上层为淡黄色血浆，底层为红细胞，紧贴红细胞层上面的灰白层为白细胞。

(3) 用毛细吸管轻轻吸取白细胞层，移入另一试管中。

(4) 加无钙镁Hank's或PBS缓冲液洗涤，2000r/min离心5min，弃上清。

(5) 低渗处理裂解红细胞：沉淀细胞中加入少量蒸馏水，轻轻震荡20s，低渗裂解红细胞后，加入1.8%氯化钠溶液调至等渗。加无钙镁Hank's反复洗涤2次，重悬末次沉降细胞，即得纯度较高的白细胞悬液。

(6) 台盼蓝拒染实验鉴定其存活率与纯度：将 50μL 的细胞悬液与 50μL 台盼蓝染液在微量试管中混匀，室温静置 10min。取 15μL 滴入细胞计数板中。显微镜下观察细胞，计数活细胞数(未染色)和死细胞数(染成蓝色)。

【注意事项】

(1) 如果要进行细胞培养，应注意无菌。

(2) 用于提取 DNA 等分子生物学实验时，应避免污染。

(3) 接触血液制品，应注意个人防护。

【思考题】

(1) 白细胞包括哪些亚群?

(2) 白细胞中细胞密度有区别吗?

实验二　密度梯度离心法分离 PBMC

【实验目的】

掌握分离外周血单个核细胞的原理及方法。

【实验原理】

外周血单个核细胞(peripheral blood mononuclear cells， PBMC)包括淋巴细胞和单核细胞(60%~70%为 T 细胞，20%~30%为 B 细胞，约 10%为单核细胞及 NK 细胞)，是免疫学实验最常用的细胞，也是免疫细胞分离纯化过程的重要中间环节，获得高纯度和活性的 PBMC 是免疫学实验的先决条件。

PBMC 常用葡聚糖-泛影葡胺(Ficoll-Hypaque)(又称淋巴细胞分离液)密度梯度离心法来分离。PBMC 的相对密度约为 1.080，与其他血液细胞有较大差异(红细胞 1.093、多形核白细胞 1.092、血小板 1.030~1.035)。将血液重叠于分层液之上离心时，各血液成分由于密度梯度重新分布聚集而相互分开，从顶部到底部可分为四层：血浆、PBMC、分层液、多形核白细胞及红细胞。不同动物 PBMC 的分离需用不同比重的 Ficoll-Hypaque，如小鼠和豚鼠为 1.085g/mL，人为 1.077g/mL。

【实验材料】

(1) 无钙镁 Hank’s 液，淋巴细胞分离液，人肝素抗凝血(加肝素 200U/mL)。

(2) 吸管、毛细滴管、试管、离心管、水平离心机、显微镜等。

【实验方法】

(1) 取 2~3mL 肝素抗凝静脉血于试管中，加等量 Hank’s 液稀释，混匀。

(2) 取 2~3mL 淋巴细胞分离液加入 15mL 离心管中。

(3) 用毛细滴管吸取稀释血液，将含有淋巴细胞分离液的离心管倾斜 45°，在距分离液面上 1cm 处，沿管壁缓缓加入，使稀释血液叠加于分层液上，保持界面清晰，勿振摇。稀释血液与分层液体积比为 2∶1。

(4) 立即置水平式离心机中 2000r/min 离心 20min。离心后分为四层，结果见图 4-1。

(5) 用毛细吸管轻轻插到血浆与分离液的界面层，沿管壁周缘吸出富含淋巴细胞的灰白色层即单个核细胞层，移入另一离心管中。

(6) 加入 5 倍以上体积的 Hank’s 液混匀，2000r/min 离心 10min，弃上清，将沉淀细胞振摇重悬后加 Hank's 液同法洗涤 2 次。

(7) 用含 10%灭活小牛血清的 Hank's 或 RPMI 1640 培养液可保存细胞悬液。

【实验结果】

外周血加入淋巴细胞分层液经水平离心后结果如图 4-1 所示，单个核细胞活率一般应在 95%以上。

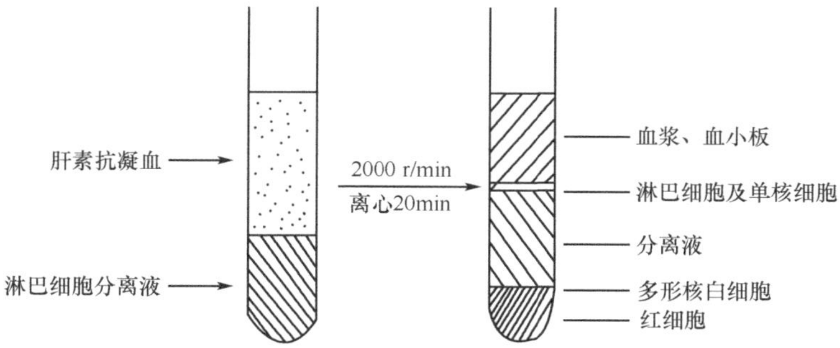

图 4-1 单个核细胞的分离(密度梯度离心法)

【注意事项】

(1) 向分离液管中加血液时应沿管壁缓缓加入，尽量避免冲入分层液中，使血液重叠于与分离液之上，二者形成明显的界面。小心取放离心管，避免打乱界面，影响分离效果。

(2) 淋巴细胞分离液从冰箱取出后，不可立即使用，需待溶液温度升至室温时摇匀后使用。

(3) 稀释血液可降低红细胞的凝聚，提高淋巴细胞收获量，但如果要保留血浆成分做其他实验用时，则不能稀释血液，以免影响血浆成分。

(4) 与血液样品接触时应注意生物安全防护，避免血源性传染病。

【思考题】

(1) 单个核细胞包括哪些细胞?

(2) 是否能够从外周血中分离巨噬细胞?

实验三 淋巴组织中单个核细胞的分离

免疫细胞来源于骨髓多能造血干细胞，其中 T 淋巴细胞在胸腺发育成熟，B 细胞在骨髓发育成熟，二者分布于外周免疫器官，如脾脏、扁桃体、肠系膜淋巴组织等，从淋巴组织分离成熟或不成熟的免疫细胞是进一步进行科学研究和免疫功能评价的基础。本实验重点介绍从淋巴组织分离单个核细胞。

【实验目的】

(1) 掌握免疫器官的分布、结构和功能。

(2) 熟悉淋巴组织中免疫细胞分离的基本方法。

【实验原理】

胸腺是 T 淋巴细胞发育分化成熟的场所，其组织细胞组成和干重在一定程度上反映细胞免疫功能。同时，胸腺是分离不同发育阶段 T 淋巴细胞的重要淋巴组织。

脾脏是最大的免疫器官，也是成熟 T 淋巴细胞、B 淋巴细胞定居的主要场所，因此，成为分离抗原特异性 B 淋巴细胞(如杂交瘤技术中分离 B 细胞)和 T 淋巴细胞的首选器官。

【实验材料】

(1) 昆明小鼠，周年龄，质量 20~24g。

(2) 碘伏、棉签。

(3) 手术台、眼科镊子、剪刀、乳胶手套、大头针。

(4) 200 目钢丝网、研磨棒、平皿、吸管、试管、淋巴细胞分层液。

【实验方法】

(1) 颈椎脱臼法处死小鼠，用大头针固定四肢于手术台上，用碘伏消毒腹部正中皮肤、胸部正中皮肤。

(2) 用剪刀逐层分离腹壁，勿损伤脏器，左上腹无菌分离小鼠脾脏，放于 PBS 缓冲液或 Hank's 液中。

(3) 用剪刀逐层分离胸壁，勿损伤心脏大血管，心脏上缘分离小鼠胸腺，放于 PBS 缓冲液或 Hank's 液中。

(4) 反复研磨脾脏，通过 200 目的钢丝网，收集悬液，1500r/min 离心 10min，弃上清。同样方法，反复研磨胸腺通过 200 目的钢丝网，收集悬液，1500r/min 离心 10min，弃上清。

(5) 分别用 2mL PBS 缓冲液重悬脾脏、胸腺细胞，小心吹散。

(6) 将淋巴细胞分层液离心管倾斜 45°，分别取 2mL 脾脏或胸腺细胞，在距分层液界面上方 1cm 处沿试管内壁缓慢加至分层液上，注意保持两界面清晰，勿振摇。

(7) 离心管水平离心 2000r/min 离心 30min，分层液上方呈灰白色带即单个核细胞层。

(8) 吸取单个核细胞于离心管中，加入 5 倍以上体积的 PBS 缓冲液或 Hank's 液混匀，1500 r/min 离心 10min，弃上清，将沉淀细胞重悬后加缓冲液同法再洗涤 1 次，弃上清，以去除混杂的血小板、分离液。

(9) 以适量缓冲液重悬细胞，计数，调整细胞密度至实验要求。

(10) 细胞存活率检测：2%台盼蓝染液和分离后的细胞按 1∶2 体积比充分混匀后，染色 5~10min，显微镜下观察，死细胞被染成淡蓝色，而活细胞拒染，计算出活细胞百分率，判断能否进行进一步分离细胞亚群或功能实验。

【实验结果】

细胞存活率一般在 95%以上，每只小鼠脾脏大约收获 10^6 个单个核细胞。

【注意事项】

(1) 向分离液管中加血液时应沿管壁缓缓加入，尽量避免冲入分层液中，使血液重叠于分离液之上，二者形成明显的界面。小心取放离心管，避免打乱界面，影响分离效果。

(2) 淋巴细胞分离液从冰箱取出后，不可立即使用，需待溶液温度升至室温时摇匀后使用。

(3) 与动物血液样品接触时应注意生物安全防护，避免血源性传染病。

【思考题】

(1) 胸腺中 T 淋巴细胞与脾脏中 T 淋巴细胞有何区别?

(2) 如何分离单个核细胞中的单核细胞?

实验四　单核细胞和淋巴细胞的分离纯化

单个核细胞包括淋巴细胞和单核-巨噬细胞，可用于进一步分离免疫细胞亚群。分离或去除单核-巨噬细胞主要利用单核-巨噬细胞黏附特性强于淋巴细胞。淋巴细胞中 B 淋巴细胞黏附能力强，可采用尼龙棉分离法，而 T 淋巴细胞具有绵羊红细胞受体，可采用简单的 E 花环沉淀法进行分离。

一、黏附贴壁法分离单核细胞

【实验目的】

(1) 掌握单核细胞和淋巴细胞的生物学特性。

(2) 熟悉分离单核细胞和淋巴细胞的原理及方法。

【实验原理】

利用单核细胞在 37℃和 Ca^{2+} 存在条件下，能主动黏附在玻璃、塑料、尼龙毛或葡聚糖凝胶的特性及吞噬特性，建立了黏附贴壁法、玻璃柱过滤法、磁铁吸引法等许多从 PBMC 中除去单核细胞，以获得高纯度的淋巴细胞群的方法。

黏附贴壁法：将 PBMC 放于玻璃、塑料器皿内，37℃孵育一定时间后，吸附于器皿壁上的细胞即为单核细胞，未吸附的细胞为淋巴细胞。

【实验材料】

(1) 无钙镁 Hank's 液、新分离 PBMC、小牛血清、RPMI 1640、1%明胶(不含内毒素)、0.25%胰酶、PBS。

(2) 玻璃、塑料培养瓶或平皿、毛细吸管、细胞橡皮刮子、培养箱、冰箱等。

【实验方法】

(1) 用 1%明胶包被培养瓶，置 4℃冰箱内过夜。

(2) 用含 5%小牛血清的 RPMI 1640 将新分离 PBMC 制成 1×10^7 个/mL 细胞悬液，取 5mL 加于 75cm^2 的培养瓶中，37℃静置孵育 60~90min，单核细胞即吸附于培养瓶表面。

(3) 毛细吸管轻轻吸取非吸附细胞(淋巴细胞)悬液，并用 Hank's 液轻轻吹吸洗涤 3 次，以去除未吸净的非吸附细胞，由此可获得淋巴细胞。

(4) 加适量 0.25%胰酶于培养瓶，37℃孵育 10min；加冷 PBS 少许，用尖吸管反复吹吸或用橡皮刮子轻轻刮离，收集脱落的黏附细胞，即得到单核细胞。

(5) 将淋巴细胞和单核细胞分别配成细胞悬液，4℃保存备用。

【实验结果】

经非特异酯酶染色(单核细胞为阳性)证明其纯度，台盼蓝拒染法计算存活率，其存活率应大于 95%。

【注意事项】

(1) 用 1%明胶包被培养瓶，易于黏附细胞的胰酶处理或细胞的刮取。

(2) 分离巨噬细胞时所用实验器皿及培养液均不含细菌内毒素或脂多糖，以免巨噬细胞被激活；培养液中应加 AB 血清，而不应加入胎牛血清，以防巨噬细胞被胎牛血清中的异质成分所活化。

【思考题】

(1) 单核/巨噬细胞有什么生理功能？

(2) 单核/巨噬细胞参与哪些免疫病理？

二、Percoll 非连续性密度梯度离心法分离单核细胞

【实验目的】

(1) 掌握单核细胞和淋巴细胞的生物学特性。

(2) 熟悉分离单核细胞和淋巴细胞的原理及方法。

【实验原理】

Percoll 成分为硅化聚乙烯吡咯烷酮(PVP)，为一种无毒无刺激性的密度梯度离心分离剂。Percoll 混悬液具有易成等渗、黏度低、不引起细胞聚集等优点，其稀释度与密度呈线性相关，经离心后自然形成密度梯度，从而将不同密度的细胞分离出来。

【实验材料】

(1) PBMC、胎牛血清(56℃灭活 30min)、Percoll 原液。

(2) 1 × PBS 和 10 × PBS(无 Ca^{2+}、Mg^{2+})，含 0.5mol/L EDTA，1mol/L HCl。

(3) 50mL 聚丙烯圆锥管、毛细吸管、移液管、CO_2 培养箱、超净工作台、有旋转桶转子装置的离心机、pH 计等。

【实验方法】

1. 不同密度Percoll分层液的配制

(1) 100%Percoll 分层液储备液(等渗，密度 1.130g/mL)：取未稀释 Percoll 原液 9mL，加 1mL 10 × PBS，用 HCl 调 pH 至 7.4。

(2) Percoll 分层液Ⅰ(1.080g/mL)：取储备液 3.12mL，加 1.88mL 1 × PBS。

(3) Percoll 分层液Ⅱ(1.069g/mL)：取分层液Ⅰ2.68mL，加 2.32mL 1 × PBS。

(4) Percoll 分层液Ⅲ(1.060g/mL)：取分层液Ⅱ2.32mL，加 2.68mL 1 × PBS。

2. 不连续密度梯度的制备 将不同密度的 Percoll 分层液各取 2mL，按从高密度至低密度的顺序一层层轻轻铺至离心管中，最后加新分离得到的PBMC细胞悬液(8×10^7个/mL)于顶部。将制备好的不连续密度梯度 1000r/min 室温下水平离心 90min。

3. 单核细胞的分离 离心后单核细胞存在于 Percoll 分层液Ⅱ和Ⅲ之间的界面中。用毛细吸管仔细收集单核细胞。用含 1%~5%胎牛血清的 1 × PBS 液洗涤细胞 3 次，以除去残存的 Percoll 分层液和血小板，400~800r/min 4℃离心 5min，弃上清。将细胞重悬于培养液中。

4. 用台盼蓝拒染法测定细胞存活率

【实验结果】

本法回收的细胞中单核细胞占 70%~100%，存活率应大于 90%。

【注意事项】

仔细覆盖各种 Percoll 分层液，避免破坏其界面。

三、AET-E 花环沉降法分离 T 淋巴细胞

【实验目的】

(1) 掌握淋巴细胞的生物学特性及表面标志分子。

(2) 熟悉分离淋巴细胞的原理及方法。

【实验原理】

成熟 T 淋巴细胞表面有绵羊红细胞(SRBC)受体-E 受体(CD2)，能够与 SRBC 结合形成 E 花环，而 B 淋巴细胞则不能。将形成 E 花环的细胞悬液，经 Ficoll-Hypaque 密度梯度离心后，即可将二者分开，在低渗裂解 E 花环周围的 SRBC，加 3.5% NaCl 使还原为等渗，低速离心沉淀，即得纯 T 淋巴细胞，而 B 淋巴细胞直接取自分层液的界面。

常规 E-花环实验中形成的花环热稳定性较差，用溴化二氨基异硫脲溴化物(简称 AET)处理 SRBC 后，全部 T 淋巴细胞均能吸附 AET-SRBC，形成牢固、稳定、巨大的 AET-E 花环，且花环形成率高、花环形成快速，重复性好。AET-E 花环沉降法可富集 T 淋巴细胞，从而提高分离效率。

【实验材料】

(1) 新鲜绵羊红细胞(SRBC)、T 淋巴细胞悬液(4×10^7 个/mL)、无钙镁 Hank's 液、淋巴细胞分层液、人肝素抗凝血、小牛血清、RPMI 1640、Tris-氯化铵、3.5% NaCl 等。

(2) AET 溶液：称 AET 粉剂 402mg，溶于 10mL 蒸馏水中，使成为 0.143mol/L 溶液，用 4mol/L NaOH 溶液调 pH 至 9.0，0.2μm 滤膜过滤除菌。必须临用前新鲜配制。

(3) 毛细吸管、试管、离心管、水平离心机、水浴锅、显微镜等。

【实验方法】

(1) AET 处理 SRBC：取用无菌生理盐水洗涤好的压积 SRBC，按 1 份压积 SRBC 加入 4 份 AET 溶液的比例，充分混匀，置 37℃水浴 15min，每 5min 摇匀 1 次。

取出洗涤：加冷无菌 NS 至离心管口，充分摇匀，1800r/min 离心 5min，连续洗涤 3~5 次，每次洗涤均应充分混匀，以减少 AET 使 SRBC 黏附成团，并观察有无溶血。若有溶血，用含小牛血清的 RPMI1640 再洗 1 次。

用 RPMI 1640 配成 10% AET-SRBC 悬液，4℃保存不得超过 5 天。使用时以含 10%小牛血清的 RPMI 1640 培养液稀释至 1%。

(2) AET-E 花环形成实验：取 RPMI1640 重悬的淋巴细胞悬液(2×10^6 个/mL)2mL，加等量 1% AET-SRBC 悬液混匀，置 37℃水浴孵育 20min，每 5min 摇匀 1 次。500~1000r/min 离心 5min，4℃孵育 40min。

(3) 将混合悬液预温至 20℃，叠加于 2mL 淋巴细胞分层液之上，1000r/min 离心 15min。

(4) AET-E 花环沉淀于管底，吸出界面云雾状非 T 淋巴细胞群，用 1mL Tris-氯化铵溶解管底沉淀直至澄清，加 3.5%氯化钠溶液 1mL 使还原为等渗，低速离心沉淀，用 5% FCS-RPMI1640 洗涤 2 次，即得纯 T 淋巴细胞。

【注意事项】

(1) 10% AET-SRBC 悬液不宜长时间保存，4℃保存不得超过 5 天，注意观察有无溶血。

(2) AET-E 花环形成的最适温度 20~25℃，花环形成后应立即计数，否则当 37℃温热后花环易解离。

(3) 小牛血清经灭活并用 SRBC 吸收后使用为佳，以除去异嗜性抗体，以免影响实验结果。

【思考题】

(1) 是否只有 T 细胞才有绵羊红细胞受体？

(2) T 细胞有哪些亚群？各有何功能？

实验五　淋巴细胞亚群的分离纯化

淋巴细胞及 T 细胞亚群的分离纯化技术是基于它们表面标志(表面受体或抗原)的不同而建立。常用方法有免疫吸附法、流式细胞仪及免疫磁珠技术等来分离出均质性的细胞类型或亚群。

一、洗淘法(Panning)分离纯化 $CD4^+$ 细胞

【实验目的】

(1) 掌握淋巴细胞的亚群及其表面标志分子。

(2) 熟悉分离淋巴细胞亚群的原理及常见方法。

【实验原理】

用兔抗鼠抗体包被聚苯乙烯培养板，将免疫细胞与相应抗体(如小鼠抗 CD4 McAb)孵育作用后，加至已包被抗体的培养板中。通过抗鼠抗体-CD4 McAb 的桥联结合反应，使 $CD4^+$细胞结合固定在培养板上，而未固定的 $CD4^-$淋巴细胞可通过轻吸培养板内的细胞悬液而获得。此法适用于 T 细胞与 B 细胞、T 细胞亚群 $CD4^+$或 $CD8^+$细胞及双阴性 T 细胞等细胞的分离。下面介绍 $CD4^+$细胞的分离纯化。

【实验材料】

(1) 兔抗鼠抗体，1% FCS-PBS，人 E 花环阳性细胞(E^+)的悬液，CD8 及 LeuM5(抗单核细胞、巨噬细胞及 NK 细胞)McAb。

(2) 6 孔平底细胞培养板、毛细吸管等。

【实验方法】

(1) 洗淘板的制备：在 6 孔平底细胞培养板的每孔中加 2.5mL 兔抗鼠抗体(10~20μg/孔)。置室温 4~6h 或 4℃过夜。吸出上清，每孔加 1% FCS-PBS 2.5mL，轻轻振摇，吸出所加液体，同法重复 2 次。每孔加 1% FCS-PBS 2.5mL，室温封闭 30min。使用前用 PBS 洗涤 2 次，末次洗涤后吸尽孔中液体。

(2) $CD4^+$T 淋巴细胞的分离：将 5×10^7 个/mL E^+ T 细胞重悬于 0.2mL 细胞培养液内，以 0.05~1μg/10 个细胞的比例将 CD8 及 LeuM5 McAb 加至以上培养液中，置 4℃作用 30min 后，用 1% FCS-PBS 洗涤 2 次。用 6mL 1% FCS-PBS 重悬为细胞悬液，每孔 1mL 将其加至已包被兔抗鼠抗体的 6 孔洗淘板中，置 4℃作用 30~45min。轻轻吸出孔内的细胞悬液，即为 $CD4^+$ T 淋巴细胞液。

(3) 用免疫荧光染色法来判定 $CD4^+$T 淋巴细胞的表型。

【实验结果】

$CD4^+$ T 淋巴细胞的纯度在 98%以上。

【注意事项】

(1) 分选细胞常用于进一步的功能研究，整个过程均需要严格无菌操作。

(2) 洗淘法细胞悬液应控制细胞含量，以免细胞量过大无法结合而降低收获细胞纯度。

【思考题】

(1) 如何去除混入的 $CD4^+$单核/巨噬细胞?

(2) 阳性选择吸附结合的细胞如何使之解离?

二、流式细胞术分离 T 淋巴细胞

【实验目的】

(1) 掌握淋巴细胞的亚群及其表面标志分子。

(2) 熟悉流式细胞术的原理及分离细胞的方法。

【实验原理】

流式细胞术(flow cytometry，FCM)是一种对处在液流中的细胞或其他生物微粒(如细菌)逐个进行多参数的快速定量分析和分选(sorting)的技术。

经过荧光抗体染色的单细胞悬液和鞘液在氮气压力下同时进入流室，形成鞘液包裹细胞悬液的稳定层流，由喷嘴高速射下(1000~5000 细胞/s)，与激光束交汇。由于混合细胞中细胞的大小、胞内颗粒多少及 DNA 含量等不同，使激光产生不同的散射，分别由散射光检测器接受；细胞上着染的荧光染料在激发光激发下，发射出荧光，由荧光检测器接受，所有信号自动传入计算机分析处理，迅速获得细胞类群及其数量的信息。细胞分离纯化系统在分析鉴别不同的细胞亚群的基础上，使带有不同电荷的细胞滴通过电磁场时发生偏离，最后将细胞分别收集于不同容器内。

将荧光标记单克隆抗体加至 PBMC 悬液内，使二者特异性结合，应用 FCM 检测分析和分离，既可快速得到 T 细胞、B 细胞及其亚群百分率和绝对值的有关数据，又能高速分离和收集淋巴细胞。

【实验材料】

(1) RPMI1640(应选购不含酚红者，使用时加 5%的小牛血清)。

(2) FITC-抗 CD3 单克隆抗体：CD3 为 T 细胞表面特有的分化抗原。

(3) 毛细吸管、移液管、离心机、细胞计数板、CO_2 培养箱、流式细胞仪等。

【实验方法】

(1) 将分离的 PBMC 用 RPMI1640 配成 1×10^7 个/mL。

(2) 加适量 FITC-抗 CD3 单抗，4℃孵育 30min，用 RPMI1640 洗涤 2 次。

(3) 用流式细胞仪进行分析。在散射光参数图上选取淋巴细胞群；在荧光参数图上选取绿色荧光阳性的细胞进行分选。

【实验结果】

$CD3^+$ T 淋巴细胞的纯度在 99%以上。

【注意事项】

(1) 分选细胞常用于进一步的功能研究，整个过程均需要严格的无菌操作。

(2) 由于喷嘴孔很小(70~100μm)，分选前用 30μm、40μm 孔径的滤网过滤细胞悬液，以免稀薄凝块堵塞喷嘴。

【思考题】

(1) 流式细胞术分选细胞的纯度如何确定?

(2) 影响细胞纯度的因素有哪些?

三、免疫磁珠技术分离 T 淋巴细胞

免疫磁珠(immunomagnetic beads，IMB)或称免疫磁性微球(immunomagnetic microspheres，IMMS)，是表面结合有单克隆抗体的磁性微球。交联聚苯乙烯微球强度高，表面易进行化

学修饰，是比较理想的制备免疫磁性微球的骨架材料。微球与抗体的连接有吸附结合与共价结合两种形式。

免疫磁珠能特异性地与靶物质结合并使之具有磁响应性，因此将免疫磁珠与含有靶物质(欲分离的物质)的复杂混合物共同培养。则免疫磁珠可以通过抗原抗体反应选择性地与目标物质结合，当此结合物通过一个磁场装置时，与免疫磁珠结合的靶物质(如细胞)就会被磁场滞留，从而与其他复杂物质分离开来。

免疫磁珠主要用于免疫细胞分离等方面，它在医药学中的应用非常广泛，如分离其他细胞、分离细胞器、分离微生物等。IMB 分离细胞可以采取两种方法：直接法和间接法。直接法是指抗体直接连在磁性微球上，然后与靶细胞结合。间接法是指先将细胞与特异抗体混合培养，使特异抗体结合在细胞表面，然后加入预先用抗鼠 IgG(二抗)处理的磁性微球，使磁性微球间接地与靶细胞结合。直接法可以减少洗涤和培养步骤，但对 IgM 单抗很少能使用。间接法与直接法相比，除适用范围广外，还可以使用一组单克隆抗体，因而会获得更好的细胞分离效果。但要经过多次的洗涤步骤，特异性也会有所降低。

免疫磁珠技术分离细胞可以采取两种策略：阳性选择和阴性选择。阳性选择即选择磁珠上单抗结合的目标细胞，即分离某种抗原阳性的细胞。阴性选择即去除磁珠上单抗结合的目标细胞后的剩余细胞，即分离不表达某种抗原(阴性)的细胞。

免疫磁珠(MACS)间接法分选小鼠脾脏 $CD8^+T$ 细胞。

【实验目的】

(1) 掌握免疫器官的分布、结构和功能。

(2) 熟悉淋巴组织中免疫细胞分离的基本方法。

【实验原理】

免疫磁珠具有操作简便、分离迅速完全、细胞纯度高等优点，尤其在操作简便省时方面，其他分离方法很难比拟。细胞表面抗原能与连接有磁珠的特异性单抗相结合，在外加磁场中，通过抗体与磁珠相连的细胞被吸附而滞留在磁场中，无该种表面抗原的细胞由于不能与连接着磁珠的特异性单抗结合而没有磁性，不在磁场中停留，从而使细胞得以分离。

$CD8^+T$ 淋巴细胞分为 $CD3^+$、$CD8^+$、$CD4^-$细胞，有两种方法分离：一为阴性选择法，在反应中加入抗 CD4 抗体，使 T 细胞与之特异结合后形成磁性免疫复合物留在柱内，洗脱的未标记细胞为 $CD8^+T$ 淋巴细胞；二为阳性选择法，在反应中加入抗 CD8 单抗，使 NK 细胞与之特异结合形成磁性免疫复合物留于柱内，洗去未标记细胞，将标记的 $CD8^+T$ 淋巴细胞以洗液轻轻加压洗脱。

【实验材料】

(1) 免疫磁珠分选(FACS)磁力架；MS 磁性分离柱(德国)。

(2) 兔抗小鼠 CD8(IgG)一抗、磁性微珠标记的羊抗兔 IgG(二抗)。

(3) 昆明小鼠。

(4) 红细胞溶解液(8.3g/L Tris-NH_4Cl 溶液)、小鼠淋巴细胞分离液。

【实验方法】

(1) 颈椎脱臼法处死小鼠，消毒，无菌分离小鼠脾脏放于冷 Hank' s 液中。

(2) 剪碎并反复研磨脾脏，通过 200 目的无菌铜网，收集悬液。

(3) 用红细胞溶解液去除红细胞，再用大量 Hank's 液洗涤细胞 2 次，1200r/min 离心 10min，用含有 100 mL/L 小牛血清的 RPMI 1640 培养液重悬，计数。

(4) 取 4×10^7 细胞，1200r/min 离心 10min，去上清后用 160μL 缓冲液重悬。

(5) 加 40μL 抗体(抗 CD8 单抗)充分混匀，4℃孵育 10min。加 160μL 缓冲液，1200r/min 离心 10min，去上清。

(6) 再加入 320μL 缓冲液，80μL 磁性微珠，充分混匀，4℃孵育 15 min。

(7) 用适量缓冲液冲洗，1200r/min 离心 10min，去上清，用 500μL 缓冲液重悬细胞。

(8) 用 200 目筛网过滤成无气泡的单细胞悬液。

(9) 将 MS 细胞分离柱置于 MACS 磁力架上，先用 500μL 缓冲液洗柱。必要时应用真空抽滤水，减少水中气泡，使分离柱不被气泡阻滞。

(10) 将滴管伸至底壁后加入细胞悬液，避免将细胞悬液沿管壁流入，将细胞悬液通过 MS 磁性分离柱。

(11) 在前次液体充分流尽后，去除磁场或将 MS 细胞分离柱从 MACS 磁力架上取下。

(12) MS 磁性分离柱再加 1500μL 缓冲液洗涤，收集流出液体。

(13) 1200r/min 离心 10min，离心收集细胞，计数。

(14) 细胞活力检测：台盼蓝和分离后的细胞按 1∶9 体积比充分混匀后，染色 3min，显微镜下观察，死细胞被染成淡蓝色，而活细胞拒染，计算出活细胞百分率，判断能否进行功能实验。

(15) 应用流式细胞仪检查分离细胞的纯度。

【实验结果】

$CD8^+$ T 淋巴细胞的纯度在 98%以上。

【注意事项】

(1) 如果分离细胞用作培养，全过程在超净工作台中完成。

(2) 新鲜分离细胞，先用胶原酶、DNA 酶、胰酶联合消化，可使细胞团块解聚，从而提高分离效率。

(3) 待分选细胞中如有贴壁细胞，建议在分选前将先贴壁培养去除，或者提高 EDTA 浓度。

(4) 抗体包被磁珠对死细胞常有非特异性结合，因而分选前去除死细胞。

(5) 上分离柱前，充分振荡，混悬细胞，打散细胞团块。

(6) 用分离柱分选，应用真空抽滤水，减少水中气泡，使分离柱不被气泡阻滞。

(7) 细胞悬液加入分离柱中时，应将滴管伸至底壁后加入，避免将细胞悬液沿管壁流入，使管壁残流未分选细胞，以致后继洗柱过程中，因疏忽未被洗下，最后导致纯度不高。洗柱时，应在前次液体充分流尽后，再加洗液。

(8) 孵育时间和温度应按说明书进行，延长孵育时间、提高温度会增加非特异结合。

(9) 先用抗体阻断 Fc 受体，可降低非特异性结合。

【思考题】

(1) 免疫磁珠所采用的抗体如果能激活所分离的细胞，如何避免？

(2) 如何利用免疫磁珠技术提高分选细胞的纯度？

四、NK 细胞分离

自然杀伤细胞(natural killer cell，NK 细胞)是与 T 细胞、B 细胞并列的第三类群淋巴细胞，主要参与固有免疫。成熟的 NK 细胞离开骨髓进入外周免疫器官，主要分布在脾脏(占脾细胞总数的 3%~4%)和外周血(占淋巴细胞总数的 5%~10%)中。NK 细胞可直接杀伤靶细胞，既不需抗原预先致敏，也不需抗体参与，无 MHC 限制。外周血中 NK 细胞的分离有常规法、Percoll 不连续密度梯度离心法和免疫磁珠法等。

【实验目的】

(1) 掌握 NK 细胞的表面标志和功能。

(2) 熟悉 NK 细胞分离的基本方法。

【实验原理】

免疫磁珠分离法为目前国际上认可的先进的细胞分离技术，具有操作简单、分离效果好、实验成本适中等优点。细胞表面抗原能与连接有磁珠的特异性单抗相结合，在外加磁场中，通过抗体与磁珠相连的细胞被吸附而滞留在磁场中，无该种表面抗原的细胞由于不能与连接着磁珠的特异性单抗结合而没有磁性，不在磁场中停留，从而使细胞得以分离。

将 PBMC 以黏附法除去其中的单核细胞，以尼龙棉柱法除去其中的 B 细胞，余下的 T 细胞和 NK 细胞以磁化细胞分离器(MACS)进行分离。NK 细胞为 $CD16^+$、$CD56^+$、$CD3^-$ 细胞，有两种方法分离。一为阴性选择法：在反应中加入抗 CD3 抗体，使 T 细胞与之特异结合后形成磁性免疫复合物留在柱内，洗脱的未标记细胞为 NK 细胞；二为阳性选择法，在反应中加入抗 CDl6、抗 CD56 单抗，使 NK 细胞与之特异结合形成磁性免疫复合物留于柱内，洗去未标记细胞，将标记的 NK 细胞以洗液轻轻加压洗脱。

【实验材料】

(1) 抗分化抗原的单抗：抗 CD3 单抗、抗 CD16 单抗、抗 CD56 单抗。

(2) 生物素标记羊抗鼠抗血清，FITC 标记链霉亲和素，生物素标记磁颗粒。

(3) 无钙镁 Hank’s 液、淋巴细胞分离液、人肝素抗凝血、BSA、RPMI1640、洗涤液(含 1% BSA 的 10 × PBS)等。

(4) 塑料平皿、注射器、小试管、尼龙棉柱、高压灭菌锅、磁化细胞分离器(MACS)、离心机、荧光显微镜、水浴锅、冰箱、超净工作台等。

【实验方法】

(1) 分离外周血单个核细胞(PBMC)。

(2) 用含 10% BSA 的 RPMI1640 调整 PBMC 浓度为 2×10^6 个/mL，加至无菌塑料平皿中，37℃ 7.5% CO_2 培养 2h，除去黏附于塑料上的单核细胞。

(3) 非黏附细胞与含 10% BSA 的 RPMI1640 孵育 1h 后过尼龙棉柱，B 细胞和剩余的单核细胞黏附在尼龙棉柱上，用培养液洗柱，收集洗下的 T 细胞和 NK 细胞。

(4) 用磁场分离 T 细胞和 NK 细胞，无菌操作来标记和分离细胞。

新分离的 T 细胞和 NK 细胞在水浴中进行标记，细胞先与抗分化抗原的单抗孵育 10min(10^7 个细胞用 100μL 抗 CD3 单抗或 25μL 抗 CD16 单抗或抗 CD56 单抗)。

洗涤，细胞与生物素标记的 100μL 羊抗鼠抗血清孵育 10min。

洗涤，加入 FITC 标记的链霉亲和素 25μL，反应 8min。

洗涤，加生物素标记的磁颗粒(加抗 CD3 单抗者加 100μL 磁颗粒，加 25μL 抗 CDl6 单抗或抗 CD56 单抗者加 50μL 磁颗粒)反应 8min。

上述每步反应后，均以 10 × PBS(含 1%BSA)洗涤，3000r/min 离心 8min。

(5) 使用磁化细胞分离器(MACS)作免疫磁性分离。

MACS 分离柱在使用前高压灭菌。将标记有磁性复合物的细胞悬液重悬于 2~5mL 含

1% BSA 的 PBS 中，调其细胞浓度为(5×10^7)~(1×10^8)个/mL。将分离柱先与含 1% BSA 的 PBS 预孵育 30min，4℃预冷后放入永久性磁铁的磁场中，加标记细胞悬液 80~100mL。将分离柱拿出磁场，用 50mL 洗液在无菌条件下以注射器轻轻加压洗脱标记的细胞，离心沉淀细胞，用荧光显微镜分析，用台盼蓝测定存活率，以 RPMI1640 液保存。

【实验结果】

NK 淋巴细胞的纯度在 98%以上。

【注意事项】

(1) 若分选细胞还要进行细胞培养，实验全过程应无菌操作。

(2) MACS 柱上加液不能产生气泡。分离洗脱时，流速越低其纯度越高，必须保证柱内铁丝基质内始终含有液体，否则分选将会失败。

实验六　人外周血树突状细胞的分离

【实验目的】

(1) 掌握树突状细胞的表面标志和功能。

(2) 熟悉树突状细胞分离的原理及基本方法。

【实验原理】

树突状细胞(dendritic cell，DC)为最为有效的专职抗原呈递细胞，能够刺激初始 T 细胞增殖，是机体免疫应答的启动者，在免疫系统中有重要的地位。DC 仅占外周血 PBMC 总数的 0.5%~1.0%。在分化上，DC 源于粒细胞和单核细胞同一前体细胞。DC 可黏附于玻璃、尼龙毛、葡聚糖等，但不稳定(过夜培养后可失去黏附性)，较难分离和纯化。

外周血中的 DC 前体细胞具有进一步分化的潜能，在粒单核细胞集落刺激因子(GM-CSF)和白介素 4(IL-4)诱导下可分化成具有典型细胞学和功能特征的成熟 DC。仅有 GM-CSF 刺激培养时，DC 前体细胞则分化为巨噬细胞，IL-4 具有抑制巨噬细胞生长的作用。用细胞因子体外诱导扩增培养 DC，再回输体内，可激发抗肿瘤免疫效应，具有重要的临床实用价值和理论意义。

【实验材料】

(1) 新分离人 PBMC、20% FCS-RPMI1640、rhIL-4、rhGM-CSF、0.25%胰酶等。

(2) 离心机、透射电镜、CO_2 培养箱、24 孔细胞培养板等。

【实验方法】

1. DC 的纯化　用 Hank's 液将 PBMC 洗涤 2 次，用 20% FCS-RPMI1640 调整细胞浓度为 2.0×10^6 个/mL，加到 24 孔细胞培养板，每孔 1mL，置 37℃ 5% CO_2 培养箱培养 2h。去上清，用 RPMI1640 轻轻洗去未贴壁的细胞。每孔加入 1mL 含 GM-CSF(500ng/mL)、IL-4(300IU/mL)的 20% FCS-RPMI1640 培养液，37℃ 5% CO_2 培养箱培养 7~10 天，期间每 3 天更换一半培养液，添加同浓度的 rhIL-4 和 rhGM-CSF。用 0.25%胰酶消化细胞并收集。

2. DC 的形态学观察　诱导 7~10 天后，细胞体积增大，异型突起明显，为典型的 DC 形态。在透射电镜下观察，可见胞体有毛刺状突起呈不规则形态，细胞表面粗糙，细胞核呈椭圆形，细胞质丰富，核质比增大，细胞质中细胞器较少。

3. 流式细胞仪进行树突状细胞表型分析　CD1a 和 CD83 为鉴定外周血和骨髓中 DC 的最好特异性标志。

【实验结果】

PBMC 经上述条件培养选择性诱导的树突状细胞主要为髓系树突状细胞。

【注意事项】

(1) 细胞培养全过程在超净工作台中完成，注意无菌。

(2) 树突状细胞培养要求较高，应注意密切观察。

【思考题】

(1) 树突状细胞有哪些亚群，表面标志有什么区别?

(2) 如何利用表面标志分选树突状细胞?

第二节　细胞免疫功能的检测

细胞免疫(cell mediated immunity， CMI)是指 T 细胞介导的免疫应答效应，其免疫功能的检测有体内(检测迟发型过敏反应)和体外法。本节主要介绍常用的体外检测方法，包括淋巴细胞的数量检测、T 细胞增殖实验、细胞毒实验、混合淋巴细胞培养(MIR)等。

检测细胞免疫有不同水平的测定方法：①T 细胞活性及数量检测，如 E 花环实验、增殖实验、用于抗原特异性 T 淋巴细胞数量检测的 MHC 肽四聚体法(soluble MHC peptide tetramer)；②单个细胞水平测定 CTL 活性，如固相酶联斑点法(enzyme linked immuno spot，ELISPOT)、抗原特异性细胞因子分泌细胞的细胞内染色方法(FACS 法)、定量 RT PCR 法(可确定抗原特异性 T 细胞的数目)；③特异性 CTL 杀伤效应检测，如 ^{51}Cr 释放法、 LDH 释放法等。

实验一　E 花环形成实验

【实验目的】

(1) 掌握 T 淋巴细胞 E 花环实验的原理、方法和用途。

(2) 熟悉 E 花环的形态和计数方法。

【实验原理】

人类 T 细胞膜表面有 E 受体——绵羊红细胞(SRBC)受体，在体外一定条件下，当 T 细胞与 SRBC 混合并紧密接触时，可形成以 T 细胞为中心、四周环绕绵羊红细胞的玫瑰花样花环，光学显微镜下可见，简称 E 花环(E 为 erythrocyte 的缩写)。根据 E 花环形成细胞的多少，即可测知外周血中 T 细胞的总数，即 Et(t 为 total 的缩写)。其中有一部分 T 细胞的 E 受体对 SRBC 有较高的亲和力，经低速离心后，即可与 SRBC 形成花环，此类 T 细胞称为活性玫瑰花环形成细胞，即 Ea(a 为 active 的缩写)。Ea 能反映 T 细胞的体内功能活性，用以表示机体细胞免疫功能和动态变化，可用于疾病的预后判断、药物疗效的评价等；Et 则代表被检外周血中 T 细胞的总数和百分率，一般不反映机体的细胞免疫功能。

不同动物的 T 细胞表面具有结合不同红细胞的 E 受体，如人、牛、猪、驴(淋巴细胞)-绵羊(红细胞)，狗-人，马、猫-豚鼠，豚鼠-兔能相互结合形成 E 花环。

【实验材料】

(1) 淋巴细胞(即 PBMC)悬液：用含 20%小牛血清的 Hank's 液(无 Ca^{2+}、Mg^{2+})将细胞

浓度调成 2.5×10^6 个／mL。制备方法见淋巴细胞分离技术。

(2) Hank's 液：不含 Ca^{2+}、Mg^{2+}。

(3) 绵羊红细胞(SRBC)悬液。

(4) 8%戊二醛溶液(用 Hank's 液稀释)。

(5) HE 染色液(配制见附录)。

(6) 水平离心机、水浴箱、冰箱、显微镜、细胞计数板等。

【实验方法】

1. Et花环实验

(1) 分离人外周血单个核细胞，计数后配成 2.5×10^6 个/mL 浓度。

(2) 取保存于 Alsever 液中的 SRBC(或适量新鲜配制的 SRBC) 5mL，用 Hank's 液洗涤 3 次后，取少量经适当(约 200 倍)稀释后滴于血球计数板内，镜下计数，配成 1.8×10^8 个/mL 浓度。

(3) 取 0.1mL 淋巴细胞悬液(2.5×10^6 个/mL)和 0.1mL SRBC 悬液(1.8×10^8 个/mL)，加于 1 支圆底小试管内，充分混匀后，置 37℃水浴 10min。

(4) 取出后，在水平离心机内离心 500r/min，5min，静置 4℃冰箱过夜。

(5) 用毛细吸管吸弃大部分上清。将试管放在手心轻轻搓动，悬起细胞，加 1 滴 0.8%戊二醛液，轻轻混匀，室温下静置 5min 以固定细胞。

(6) 将细胞悬液倾于载玻片上，轻轻涂布使面积为 1~2cm^2。于室温或 37℃温箱使涂片干燥，HE 染色(方法见附录)，镜检(或在第 5 步后，在试管内加 1%亚甲美蓝 1~2 滴，室温下染色 3~5min，取 1 滴细胞悬液于玻片上，加盖玻片后在高倍镜下计数)。

(7) 淋巴细胞周围凡有 3 个以上绵羊红细胞紧密附着者，即为 Et 花环形成细胞。于油镜下计数 200 个淋巴细胞中的花环形成细胞数，计算出 Et 花环形成的百分率。

$$\text{花环形成百分率}(\%)=\frac{\text{花环形成细胞数}}{\text{花环形成细胞数}+\text{未形成花环的细胞数}}\times100\%$$

2. Ea花环实验

(1) 将 Et 花环实验用的 SRBC 稀释 3 倍，使成 6×10^7 个/mL。

(2) 于圆底小试管内加入 0.1mL 待检的淋巴细胞悬液(2.5×10^6 个/mL)和 0.1mL SRBC(6×10^7 个/mL)，混合后，立即于水平离心机离心 500r/min，5min。

(3) 弃去大部分上清，轻轻悬起细胞，加 1 滴 0.8%戊二醛液固定，静置 5min。

(4) 其余操作同 Et 花环实验中的(6)、(7)项。计数 Ea 花环百分率。

【实验结果】

油镜检查：淋巴细胞呈蓝色，SRBC 呈红色围绕淋巴细胞形成花环，凡表面黏附有 3 个或 3 个以上 SRBC 者为花环形成细胞(即 E 阳性细胞)。计数 200 个淋巴细胞，计算花环形成百分率。正常值为 50%~80%，Ea 花环百分率为 20%~30%。

$$\text{花环形成百分率}(\%)=\frac{\text{花环形成细胞数}}{\text{花环形成细胞数}+\text{未形成花环的细胞数}}\times100\%$$

【注意事项】

(1) SRBC 最好用新鲜的，一般采血后保存于 Alsever 液中，2 周内可用。超过 2 周，与淋巴细胞结合能力下降。

(2) 从采血到测定不要超过 4h，分离的淋巴细胞放置时间也不要超过 3h，否则 SRBC

受体会自行脱落。可用台盼蓝检查淋巴细胞活力，活细胞数应不少于 95%。

(3) 计数 E 花环前，应将沉于管底的细胞予以重悬，但只宜轻缓旋转试管，使细胞团块松开即可，不能强力吹打，以免花环解离。

(4) 整个操作过程的室温以 16~23℃较好，过高或过低会使 E 花环形成率降低。

(5) 配制 PBMC 悬液应用 10%~20%小牛血清为好。不加小牛血清，E 花环形成率降低。

(6) SRBC 与 PBMC 的比例，一般以 100：1 为宜。

【思考题】

(1) Et 花环实验与 Ea 花环实验的操作步骤有什么不同？二者的临床意义有何不同？

(2) 为什么 PBMC 与 SRBC 混合后要进行离心沉淀？重悬细胞时为什么只能轻缓旋转试管，而不能用力摇匀细胞悬液？

(3) E 花环形成的原理是什么？是否只有 T 细胞能形成 E 花环？

实验二　淋巴细胞转化实验

【实验目的】

(1) 掌握淋巴细胞转化实验的原理、方法及应用。

(2) 熟悉淋巴母细胞的形态特征。

【实验原理】

静息态淋巴细胞在体外培养时，受非特异性刺激物(丝裂原)和特异性抗原刺激后发生增殖，转化为淋巴母细胞，称为淋巴细胞转化实验(lymphocyte transformation test，LTT)，利用此特性可对机体的免疫功能进行检测。

T 淋巴细胞表面有丝裂原植物血凝素(PHA)或刀豆素(ConA)的受体，受体与相应非特异性丝裂原结合，可刺激 T 细胞转化为淋巴母细胞，此为非特异性淋转实验，其转化率在 70%左右，明显高于特异性转化。

测定细胞转化程度的常用方法有形态学检查法、^{3}H-胸腺嘧啶核苷(^{3}H-TdR)掺入法等。淋巴细胞转化为淋巴母细胞时，不仅呈现不成熟的母细胞形态(体积增大、细胞质增多)，而且伴有 DNA 的大量合成，可将掺入到培养液中的 ^{3}H-TdR 当做合成 DNA 的原料而摄入到转化中的细胞内，测定细胞内放射性物质的脉冲数，可反映淋巴细胞对刺激物的应答水平。

一、形态学检查法

【实验材料】

(1) RPMI1640、Hank's 液、瑞氏染液、肝素抗凝血或 PBMC、NS 等。

(2) PHA：以灭菌 NS 配成 1mg/mL，过滤后小瓶分装，–20℃保存备用。

(3) 滴管、吸管、试管、载玻片、注射器、刻度离心管、细胞培养瓶、恒温 CO_2 培养箱等。

【实验方法】

(1) 取两个装有 2mL 细胞培养液的细胞培养瓶，分别加入肝素抗凝血 0.2mL。

(2) 一瓶加 1mg/mL PHA 溶液 0.2mL，另一瓶加细胞培养液 0.2mL 作对照。置 37℃温箱转化培养 72h，培养期间每天振摇 2 次。

(3) 溶解红细胞：培养结束，吸弃瓶内上清，取 3mL 0.87% NH_4Cl 加入瓶内，充分混匀，移入离心管内，置 37℃水浴 10min。

(4) 加适量 NS 混匀，洗涤 2 次，每次 1500r/min 离心 10min，弃上清。

(5) 摇匀沉淀细胞，推片，待自然干燥，瑞氏染色。

(6) 油镜镜检计数：观察计数 200 个淋巴细胞，根据转化细胞的形态学指标，计算出淋巴细胞转化率。计数时应观察推片的体尾交界处。

【实验结果】

成熟淋巴细胞、过渡型淋巴细胞、淋巴母细胞和核分裂象细胞均作为转化细胞。根据细胞大小、细胞核和细胞质特征等进行判别。

(1) 成熟淋巴细胞：直径 6~8μm，核质紧密，无核仁，着色较深；细胞质较少 (图 4-2A)。

(2) 过渡型淋巴细胞：直径 12~15μm，核质疏松，有或无核仁，着色较淡；细胞质增多、嗜碱性，空泡及伪足样突起可有可无(图 4-2B、图 4-2C)。

(3) 淋巴母细胞：体积明显增大，是成熟淋巴细胞的 3~4 倍，直径 12~20μm；核疏松呈网状结构，有 1~3 个核仁，核周有淡染区；细胞质丰富呈嗜碱性，有伪足样突起，有时可见空泡(图 4-2D、图 4-2E)。

(4) 核分裂象细胞(染色体型)：核呈有丝分裂，可见许多成堆或散在的染色体。

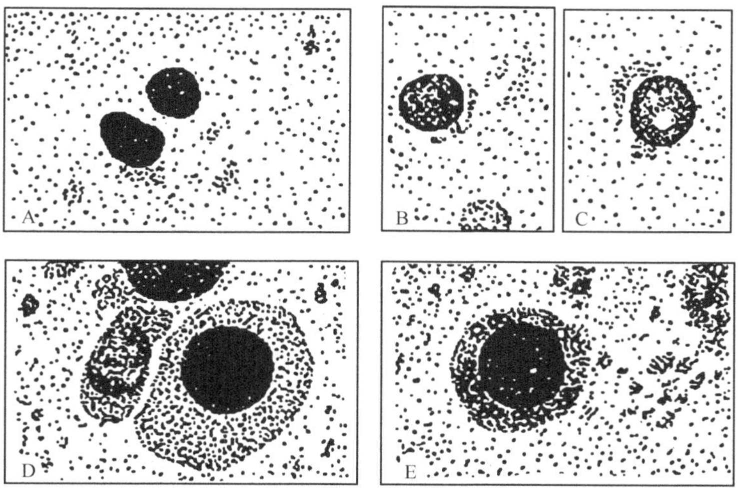

图 4-2　转化淋巴细胞的形态特征

$$淋巴细胞转化率\% = \frac{转化型细胞数}{转化型细胞数+未转化型细胞数} \times 100\%$$

正常值为 60%~80%，低于 50%为降低。

【思考题】

(1) 是否可用特异性抗原作为刺激剂进行淋巴细胞转化实验？如果可以，其机制是什么？转化率与用非特异性有丝分裂素作为刺激剂比较，哪个转化率高？为什么？

(2) 除了 PHA 外，还可用其他非特异性有丝分裂原进行淋巴细胞转化实验吗？

二、H-胸腺嘧啶核苷(^{3}H-TdR)掺入法

【实验材料】

(1) RPMI1640、PHA、3%冰乙酸、浓甲酸、30% H_2O_2、小牛血清、闪烁液。

(2) ^{3}H-TdR：选用比活性为 2~10MCi/mg 的制品，将 1MCi/mL 溶液以 NS 稀释成 100μCi/mL，4℃保存备用。临用时用培养液稀释成 10μCi/mL 溶液。

(3) 滴管、吸管、细胞培养瓶、离心管、测样杯、恒温 CO_2 培养箱、离心机、水浴锅、液闪仪等。

【实验方法】

(1)~(2) 同形态学检查法。每个血样接 2~3 个培养瓶，设同样数量的不加 PHA 的对照培养瓶。若以血浆或分离的淋巴细胞代替全血则更好。

(3) 37℃培养 48h 后，每瓶加入 1μCi ^{3}H-TdR，继续培养 16~24h。

(4) 培养结束后，将培养物移到离心管内，用 3%冰乙酸 6mL 分 2 次冲洗培养瓶，2000r/min 离心 10min，去上清。沉淀用 3%冰乙酸洗涤 1 次，离心去上清。

(5) 在沉淀中加 30% H_2O_2 液 1 滴，85℃水浴 15min，待溶液呈无色时，再加浓甲酸 0.5mL，继续 85℃加热 30min，直至沉淀物完全消化溶解。

(6) 将消化溶解的液体移入测样杯内，用红外灯或 80℃热空气烘烤至液体少于 0.1mL，加闪烁液 5mL，用液体闪烁液计数仪测其脉冲数。

(7) 第 4~7 步闪烁液样品制备也可用滤膜法。培养结束后，将培养液移入离心管，NS 洗涤 2 次。将沉淀全部移至滤膜上，减压抽滤，并依次以 10mL NS、5mL 5%三氯乙酸和 3mL 无水乙醇抽滤。取出滤膜，60~80℃烘干，将滤膜放入装有 5mL 的闪烁液中(贴细胞的面朝上)，用液体闪烁液计数器检测。

【实验结果】

取各管 cpm 的平均值，按下式计算刺激指数(SI)。

$$SI = \frac{\text{加PHA管的cpm}}{\text{不加PHA管的cpm}}$$

【注意事项】

(1) 本实验要求严格无菌操作。血样与培养基比例一般在 1：(10~30)为宜。

(2) 盛培养液的小培养瓶要严密封口，以防漏气使 pH 改变，影响转化实验。

(3) PHA 的加入量要适当，应预先做预实验来确定其最适剂量，否则会影响转化率。

(4) 以 SI 表示结果时，一定要设置不加 PHA 的对照管。而以 cpm 绝对值表示(cpm/10^6 淋巴细胞)时，则可不用设对照管，因为对照的 cpm 与本底比较接近，不同样品之间的少许差别也不易确定其意义。

(5) 闪烁液的容水量很低，故在加闪烁液之前必须烘干。加入一定量的无水乙醇，可容纳少量的处理后所残留的水分，但仍需烘干，否则将发生浑浊而无法测定。有报道，闪烁液中加入 1/3 的异辛基苯氧聚乙氧乙醇(TritonX-100)，其容水量可达 15%，消化溶解后的样品不必烘干即可添加闪烁液测定。

(6) 若无 CO_2 培养箱，也可用普通培养箱进行，但须将细胞悬液的量提高 10 倍，PHA 和 ^{3}H-TdR 的量也应相应增加。

【思考题】

(1) H-胸腺嘧啶核苷(^{3}H-TdR)掺入法有何优缺点?

(2) 有丝分裂原刺激细胞增殖与抗原刺激细胞增殖的机制有何区别?

实验三 CTL 杀伤功能测定——^{51}Cr 释放法

细胞介导的免疫效应在机体抗感染免疫、抗肿瘤免疫、移植排斥效应和自身免疫性疾病发生机制中发挥重要作用， 主要效应细胞之一为细胞毒性 T 淋巴细胞(cytotoxic T lymphoclyte，CTL)。CTL 可释放穿孔素、颗粒酶和分泌 IFN-γ、TNF 发挥效应，导致靶细胞坏死或凋亡。因此，可用 ELISPOT 法分别对 GrB(颗粒酶 B)、CD8^{+}T 细胞的 IFN 或 TNF 分泌情况进行测定，也可以对杀伤能力进行测定。

固相酶联斑点法(enzyme linked immuno spot，ELISPOT)基于酶联免疫标记技术的基本原理建立的 ELISPOT 技术不仅灵敏度大为提高，而且能得到分泌细胞因子的细胞频数。CTL 受抗原刺激后一旦分泌功能性细胞因子，就被预包被的抗体直接捕获， 通过局部形成的斑点数目得出分泌细胞因子的 T 细胞频数，从而反映抗原特异性 CTL 的活性。此法敏感度远高于 ^{51}Cr 释放法，但不能准确反映 CTL 杀伤功能。

MHC-肽四聚体法(soluble MHC peptide tetramer)可直接检测特异性 CTLs，可以应用于各种抗原特异性 CTLs 的表型分析和分离,但不能区分祖细胞还是效应细胞，是否有功能。

^{51}Cr 释放法被认为是评价抗原特异性 CTL 反应的金标准， 但该法无法检测不具增殖潜能的 T 细胞前体。

【实验目的】

(1) 掌握抗原特异性 T 淋巴细胞测定的常见方法及应用。

(2) 熟悉 CTL 杀伤功能测定的 ^{51}Cr 释放法。

【实验原理】

细胞毒性 T 淋巴细胞(cytotoxic T lymphocyte，CTL)对靶细胞的杀伤作用具有特异性，即由某种抗原致敏的 CTL，只对带有相同抗原的靶细胞产生杀伤作用。如单向 mLR 诱导产生的 CTL，在杀伤靶细胞时，必须识别相应的同种异型抗原，并受到 MHC 的限制。CTL 的杀伤功能常采用 ^{51}Cr 释放实验进行检测，当用同位素铬酸钠($Na_2{}^{51}CrO_4$)标记靶细胞时，铬酸盐离子($^{51}CrO_4^{2-}$)以渗透方式进入细胞质并与细胞质内蛋白质结合。当这种细胞被效应细胞杀伤后，细胞质内 ^{51}Cr 从细胞膜损伤或裂解处释放出来，测定所释放的同位素量可反映 CTL 杀伤作用的强度。

【实验材料】

(1) 动物：不同 H-2 的近交系小鼠。

(2) 靶细胞：已知 H-2 的瘤株，如 P815(H-2d)。

(3) 试剂：$Na_2{}^{51}CrO_4$ 溶液，比活性 250~500mci/mmol，浓度 1mci/mL(英国 Amersham)或 28mci/mL(北京原子能所)。2.5% Triton X-100、0.5%台盼蓝染液、丝裂霉素 C、Tris-氯化铵溶液(溶解小鼠脾细胞中夹杂的红细胞)。完全培养液(CM)、BSS/10(含 10%小牛血清的平衡盐溶液)。

(4) 器材：培养瓶、玻璃滴管、离心管、试管架、细胞计数板、定量加样器及加样塑料头、青霉素瓶、96 孔微量细胞培养板(圆底或平底)。倒置及光学显微镜、水平式离心机及盛放 96 孔培养板的离心用吊篮、γ 计数仪(瑞典 LKB 公司)、CO_2 培养箱。

【实验方法】

1. 效应细胞的制备 用单向混合淋巴细胞培养诱导产生 CTL。按常规方法制备反应细胞(除去红细胞的甲小鼠脾细胞)。刺激细胞按下面步骤制备：选择与甲鼠不同的乙品系小鼠，制备除去红细胞的脾细胞悬液，置于 25mL 培养方瓶内，平卧接受 ^{60}Co2.000rad γ 射线照射。以 CM 洗涤一次后，调整细胞至所需浓度；或用 25μg 丝裂霉素 C(1×10^7 脾细胞／mL 浓度)处理，经 37℃、水浴 30min 后，依次用 BSS／10 洗涤二次和 CM 洗涤一次后，调整细胞至所需浓度。用台盼蓝染色检测细胞活力，要求活细胞>90%。

将 2×10^7 反应细胞(甲小鼠脾细胞)与 2×10^7 刺激细胞(γ 射线照射或丝裂霉素 C 处理的乙小鼠脾细胞)混于 20mL CM 中，加入体积为 50mL 培养方瓶内(底面积 2cm × 4cm，液面高 3cm)。轻轻旋上瓶盖，并设单纯反应细胞或刺激细胞的对照瓶。在 37℃、饱和湿度、5% CO_2 条件的培养箱内培养 4 天或 5 天。

2. 靶细胞的制备 若在 mLC 中诱导的是 H-2d 抗原特异性的 CTL，可采用 DBA／2 小鼠肥大细胞瘤株 P815(H-2d)为靶细胞。同位素标记靶细胞的方法是先常规培养 P815 细胞，实验前一天换上新鲜培养液，实验当天检测细胞活力需大于 95%。然后，取 2×10^6 个/0.5mL P815 细胞加入 100μCi $Na_2{}^{51}CrO_4$，37℃水浴 2h，结束后洗涤 3 次，调整细胞浓度至 1×10^5 个/mL。

3. 细胞毒实验 收集效应细胞入离心管内，取离心后细胞沉淀部分，用 CM 调节活细胞浓度至 1.0×10^7 个/mL，并可根据不同效靶比例要求，分别稀释成 5×10^6 个/mL、2.5×10^6 个/mL、1.25×10^6 个／mL 细胞悬液。然后在 96 孔板中加入 1×10^4 个/0.1mL 的标记细胞，实验孔加入不同比例的效应细胞 0.1mL，自然释放孔加入 0.1mL CM，最大释放孔加入 0.lmL 2.5% Triton X-100，每组 3~4 个复孔。再经 500r/min，30s 离心，使效靶细胞接触，然后置 CO_2 培养箱内温育 4~6h，最后经 1000~1500r/min，5~10min 离心沉淀，依次吸出每孔中上清 0.1mL 置于小塑料管内盖紧，在 γ 计数仪上进行测定。

【实验结果】

分别计算实验组、自然释放组及最大释放组 cpm，按下列公式进行计算：

$$^{51}\text{Cr特异性释放率}=\frac{\text{实验组cpm}-\text{自然释放组cpm}}{\text{最大释放组cpm}-\text{自然释放组cpm}}\times100\%$$

四小时自然释放率 > 10%~15%，最大释放率通常 > 90%。

特异性释放率随效靶比例 6.25∶1、12.5∶1、25∶1、50∶1 和 100∶1 而递增，两者间常呈相关性。由于 CTL 特异性杀伤力强，一般采用的效靶比例为 50∶1。

【注意事项】

(1) 细胞活力大小是实验成败的关键，故操作时动作要迅速。培养过程使 pH 恒定在 7.2~7.4。

(2) 靶细胞处于对数生长期标记率高。为此，实验前一天务必换液，确保细胞生长良好。在靶细胞标记过程中，由于 ^{51}Cr 进入靶细胞质内，细胞脆性增大，因此振荡动作要轻柔。

(3) ^{51}Cr 自然释放率常随效靶细胞作用时间延长而偏高，如作用时间为 18h，自然释放率可高于 20%，故宜做短程实验；^{51}Cr 半衰期短，存放时间最好不要超过 2 个半衰期，否则标记率低，自然释放率高。

(4) 国产 ^{51}Cr 比活性低，欲达到要求的放射强度，务必加大 ^{51}Cr 用量，这就不可避免地增加了铬含量，造成对靶细胞损伤，致 4h 自然释放率往往超过允许范围(>15%)。此时只能终止实验。

(5) 经单向 MLR 后，培养物中包含不少死细胞，有条件可采用 20% Metrizamide 分离去之。

【思考题】

(1) CTL 杀伤靶细胞的机制是什么？与补体的溶细胞机制有何区别？

(2) 怎样理解 CTL 杀伤靶细胞时的抗原特异性和 MHC 限制性？

(3) 如欲检查某种肿瘤抗原或免疫原性治疗药物与 CTL 杀伤功能的关系，怎样设计实验？

第三节　体液免疫功能的评价

体液免疫功能由 B 淋巴细胞介导，其效应主要由 B 淋巴细胞分化而来的浆细胞分泌抗体发挥。因此，检测抗体形成细胞是评价体液免疫功能的有效方法。常见方法有 ELISPOT、溶血空斑形成实验、特异抗体定量测定等。本节重点介绍溶血空斑形成实验，其他方法见相应章节。

溶血空斑形成实验是一种体外检测单个抗体形成细胞(浆细胞)的方法，故又称体外抗体形成细胞(plaque forming cell，PFC)测定技术。此项技术不仅可以作为免疫基本理论研究的有力工具，广泛地用于检测产生 IgM 类型(包括其他各类免疫球蛋白及其亚类)的抗体形成细胞，它还可作为临床筛选抗肿瘤新药及研究中药对抗体免疫功能影响的免疫学指标。

【实验目的】

(1) 掌握溶血空斑形成实验的基本原理及方法。

(2) 熟悉评价体液免疫功能的常见方法。

【实验原理】

溶血空斑形成实验的基本原理是将经绵羊红细胞免疫的小鼠脾细胞与一定量的绵羊红细胞混合，在补体参与下，使抗体形成细胞周围那些受到抗体分子致敏的绵羊红细胞溶解，形成肉眼可见的溶血空斑，每一个空斑代表一个抗体形成细胞。

根据所操作的方法不同可分为直接溶血空斑实验、间接溶血空斑实验、改良型溶血空斑实验及反向溶血空斑实验等。改良型溶血空斑实验主要解决的问题是传统的溶血空斑实验只能检测针对红细胞抗体的产生。该方法首先用待测抗原免疫小鼠并致敏绵羊红细胞，通过抗原特异性抗体的产生以裂解抗原致敏后的红细胞。因此，改良型溶血空斑实验扩大了溶血空斑实验的应用范围，使对抗体分泌能力的检测更加系统、全面。下面介绍直接溶血空斑形成实验。

【实验材料】

(1) 1.4%琼脂：用 pH7.4 PBS 配制。

(2) 0.7%琼脂：pH7.4 PBS 配制。

(3) 25% SRBC 盐水悬液。

(4) RPMI1640。

(5) 胎牛血清，56℃ 30min 灭活，并经 SRBC 吸收。

(6) 补体：新鲜豚鼠血清，用前经 SRBC 吸收后，用 RPMI1640稀释。

(7) 器材：玻璃平皿(7cm × 1.5cm)、三角烧瓶、水浴箱(47~49℃)、华氏管、1mL 注射器、不锈钢筛网、青霉素瓶、离心管、不同规格加样器等。

【实验方法】

(1) 底层琼脂平皿的制备：将1.4%琼脂加热融化后倾注于平皿内，每个平皿6mL，凝固后置湿盒37℃备用。

(2) 0.7%琼脂加热融化后加入华氏管内，每管2mL，47~49℃水浴保温备用。

(3) 免疫小鼠脾细胞悬液制备：用4×10^3个绵羊红细胞(SRBC)生理盐水悬液腹腔免疫小鼠，对照为等量生理盐水。4天后，小鼠拉脱颈椎处死，取出脾脏，用RPMI1640洗一次后置平皿中不锈钢筛网上，用注射器针芯研磨成悬液，洗涤两次，调整细胞数为$(3\sim8) \times 10^6$个/mL。台盼蓝染色查活细胞数应大于90%。置4℃冰箱备用。

(4) 实验平皿的制备：依次将预温40℃左右的25% SRBC、经 SRBC 吸收的灭活胎牛血清及保存于4℃的脾细胞悬液各0.1mL 加入预热47~49℃的含0.7%琼脂的华氏管中，迅速混匀，立即倾注于铺有底层琼脂的平皿内，凝固后，置37℃孵育1h。

(5) 加入[1 ∶ (5~10)]稀释的新鲜豚鼠血清0.5~1.0mL，使其均匀覆盖表面，再次置37℃温育30min，即可用显微镜或借助于放大镜进行空斑计数。

【实验结果】

将平皿置解剖显微镜下计数空斑数，计算出每组动物每100万个脾细胞中含空斑形成细胞的值(图4-3)。

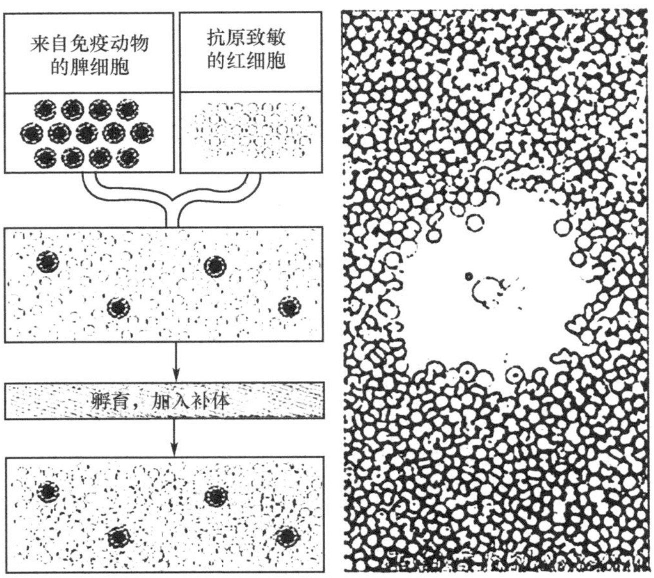

图 4-3　直接溶血空斑形成实验

【注意事项】

(1) 0.7%琼脂必须置47~49℃水浴融态保温。如温度过高会导致 SRBC 溶血或所加入脾细胞的死亡。温度过低则在操作过程中琼脂发生凝固，影响上层琼脂平板的制备。

(2) 离体的脾细胞应置4℃冰箱保存，防止抗体分泌和细胞死亡。

(3) 在制备实验平皿时，对于所有玻璃器皿和各种试剂，均需预温，各种试剂加入华氏管后，应与0.7%琼脂迅速充分混匀，然后立即倾倒于底层琼脂上，并避免倾入气泡。

(4) 补体易失活，保存时间不宜过长，加入的补体应均匀覆盖于表层琼脂上。

(5) 制备底层平皿和实验平皿时，均须将平皿置于水平台上，以保证琼脂面铺平。

(6) 绵羊红细胞应新鲜配制，防止长期保存后出现的自身溶血现象。

【思考题】

(1) 比较溶血空斑实验与 ELISPOT 测定 B 淋巴细胞功能的特点。

(2) 如何利用溶血空斑实验探讨某药物对乙型肝炎体液免疫的影响？

(杨敬宁)

第五章　经典抗原抗体反应

抗原和其相应抗体在体外相遇可发生特异性结合，由于该反应是高度特异性的，因此可以用已知的抗原(或抗体)来检测未知的抗体(或抗原)。由于抗原物理性状的差异或参加反应的其他辅助成分的不同，可出现不同类型的反应。如凝集反应、沉淀反应、中和反应及补体结合反应等。实验所采用的抗体常存在于血清中(还可存在于关节液、脑脊液、腹水及胸水中)，因此习惯上将体外的抗原-抗体反应称为血清学反应(serological reaction)或血清学实验。

第一节　凝 集 反 应

在一定浓度的电解质溶液中，颗粒性抗原与相应抗体结合后，出现肉眼可见的凝集块，称为凝集反应(agglutination reaction)。凝集反应主要是一种定性的检测方法，即根据凝集现象的出现与否判定结果阳性或阴性；也可以进行半定量检测，即将标本做一系列倍比稀释后进行反应，出现阳性反应的最高稀释度作为滴度。凝集反应可分为直接凝集反应和间接凝集反应。由于该方法操作简便，目前在临床检验工作中仍广泛应用。

一、直接凝集反应

细菌、细胞等颗粒性抗原，在适当电解质参与下可直接与相应抗体结合出现凝集，称为直接凝集反应(direct agglutination reaction)。凝集反应中的抗原称为凝集原(agglutinogen)，抗体称为凝集素(agglutinin)。常用的凝集实验有玻片法和试管法两种。

实验一　玻片直接凝集实验-ABO 血型鉴定

玻片凝集实验为定性实验，一般用已知抗体作为诊断血清，与受检颗粒抗原，如菌液或红细胞抗原各加一滴在玻片上，混匀，数分钟后即可用肉眼观察凝集结果，出现凝集颗粒的为阳性。此法简便，快速，适用于从患者标本中分离得到的菌种的诊断或分型，也可用于红细胞 ABO 血型的鉴定。

【实验目的】

(1) 掌握凝集反应的原理、基本类型及临床意义。

(2) 掌握 ABO 血型鉴定的原理、方法和结果分析。

【实验原理】

人类 ABO 血型抗原主要有 A 和 B 两种，A 型血红细胞上有 A 抗原，B 型血红细胞上有 B 抗原，AB 型血有 A 和 B 两种抗原，而 O 型血无 A 和 B 两种抗原。不同血型的人血清中存在的天然抗 A、B 抗原的抗体也不一样 (表 5-1)。据此，如分别将抗 A 和抗 B 抗体与待测红细胞混合，抗 A 或(和)抗 B 抗体与红细胞表面上的相应抗原结合而引起红细胞凝集，据其凝集情况便可判定出受检者的血型。

表 5-1　ABO 血型中的抗原和抗体

血型	红细胞膜上的抗原	血清中的抗体
O	无 A 和无 B	抗 A 和抗 B
A	A	抗 B
B	B	抗 A
AB	A 和 B	无

【实验材料】

(1) 标准血清：抗 A 分型试剂和抗 B 分型试剂各 1 支。

(2) 盛有 1mL 生理盐水试管 1 支。

(3) 消毒针头 1 枚、白瓷板或玻片 1 块、毛细吸管 1 支、75%酒精棉球和灭菌干棉球。

【实验方法】

(1) 用酒精棉球消毒受检者的耳垂或手指尖端，以采血针刺破皮肤，稍加挤压，使血液流出，用毛细吸管取血 1~2 滴血液加入含有生理盐水的试管内，摇匀，使成为血细胞悬液。用干棉球止血。

(2) 取白瓷板 1 块，将抗 A、B 分型试剂分别加 1 滴于白瓷板的两个圆孔内。

(3) 用毛细吸管吸取血细胞悬液，在抗 A 分型试剂和抗 B 分型试剂中各加 1 滴。

(4) 将白瓷板前后左右不停地摇动，使其充分混匀，5~10min 后观察血细胞有无凝集发生。如有凝集，可见红细胞凝集成块；无凝集，红细胞呈均匀分散(图 5-1)，如肉眼观察难于判定是否有凝集，可在显微镜下用低倍镜观察予以确认。

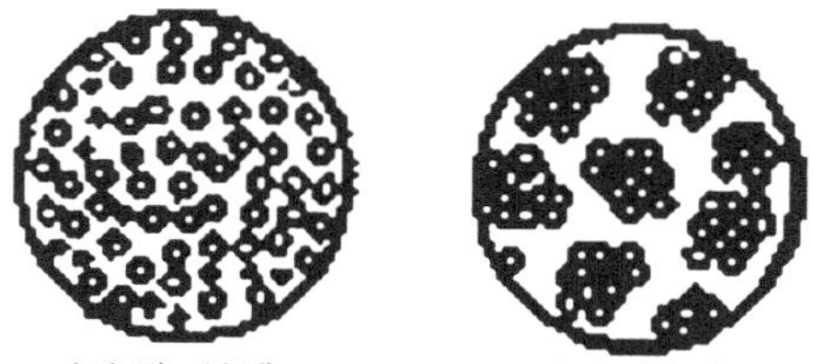

图 5-1　红细胞凝集判断示意图

【实验结果】

记录受检者红细胞凝集情况，根据 ABO 血型鉴定表(表 5-2)，判断受检者的血型。

表 5-2　ABO 血型鉴定表

血型	抗 A 血清	抗 B 血清
A	+	−
B	−	+
AB	+	+
O	−	−

注：“+”表示凝集；“-”表示不凝集

【注意事项】

(1) 实验用凹玻片或载玻片要清洁，注明 A 和 B 字样。

(2) 所用抗 A、抗 B 血清必须在有效期内(注意试剂包装说明的有效期限)使用。

(3) 待检红细胞悬液不宜过稀或过浓。

(4) 要及时观察结果，以防时间过长使标本干涸而影响结果观察和判定。

【思考题】

(1) 为何有人称 O 型血的人为“万能输血者”？

(2) 为何要做交叉配血？

实验二　试管凝集实验

【实验目的】

掌握试管凝集实验测定血清凝集效价的方法及其意义。

【实验原理】

试管凝集实验是一种半定量的实验方法，常用于血清中抗体的测定，其浓度常以效价表示。即将待检血清在试管内做一系列倍比稀释，然后加入相应的颗粒性抗原，使其在试管内发生直接凝集，以出现明显凝集(++)的血清最高稀释度为其效价(亦称为滴度)。临床上常用的试管凝集实验有：肥达实验(Widal test)和外裴实验(Weil-Felix test)。

【实验材料】

(1) 诊断血清：1∶10 稀释的伤寒杆菌“O”及“H”诊断血清。

(2) 抗原：伤寒杆菌“O”菌液(菌体抗原)，伤寒杆菌“H”菌液(鞭毛抗原)。

(3) 生理盐水、小试管、吸管、试管架和水浴箱。

【实验方法】

(1) 取清洁小试管 16 支，分两排列于试管架上，每排 8 支，依次编号，每管内加生理盐水 0.5mL。

(2) 用 1mL 吸管吸取伤寒杆菌“O”诊断血清 0.5mL 加入第一排的第 1 管内，于管内上下吹吸 3 次，使血清与盐水充分混匀，吸出 0.5mL 加于第 2 管，同法混匀，吸取 0.5mL 加于第 3 管，依次稀释至第 7 管，从第 7 管吸出 0.5mL 弃去。第 8 管为生理盐水对照。稀释方法如图 5-2 所示。

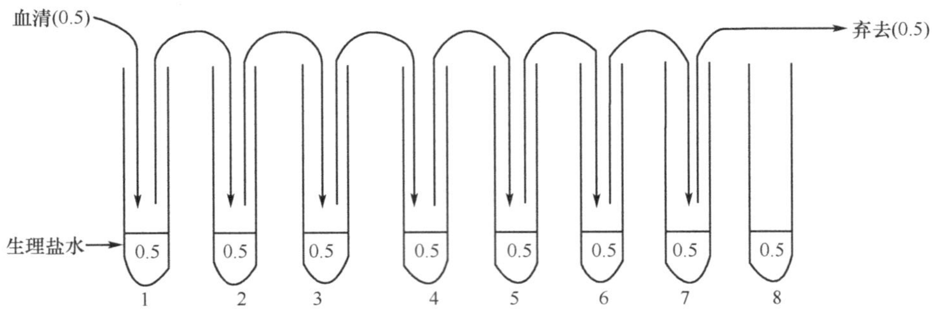

图 5-2　血清倍比稀释法

(3) 同法稀释第 2 排的伤寒杆菌“H”诊断血清。

(4) 用洁净 1mL 吸管吸取伤寒杆菌“O”菌液，从第 1 排的第 8 管起依次向前在各管内加入 0.5mL。

(5) 另取 1 支 1mL 吸管，同法于第 2 排各管中加入伤寒杆菌“H”菌液 0.5mL。

(6) 将各试管振荡混匀，放入 37℃水浴箱中 2~4 h，初步观察结果后，置 4℃冰箱过夜，次日再行观察。

【实验结果】

先观察第 8 管对照，管底沉淀物呈圆形，边缘整齐，轻轻振摇细菌分散呈均匀浑浊，此为阴性。然后从第 1 管起，逐管观察，如有凝集，可见管底有凝集块，边缘不整齐，液体澄清(图 5-3)。“O”菌液的凝集呈致密颗粒状，不易摇散，“H”菌液的凝集呈疏松棉絮状，易摇散。

凝集强度的判断以“+”号表示如下。

“++++”——很强，细菌全部凝集，液体澄清，管底有大片凝集物。

“+++”——强，细菌大部分凝集，管底的凝集物较小，液体微混。

“++”——中等强度，细菌部分凝集，管底凝集物细小，但仍明显可见，液体半澄清。

“+”——弱，细菌仅少部分凝集，液体混浊。

“–”——不凝集，液体混浊与对照管相似。

以产生明显凝集(++)的血清最高稀释度为该血清的凝集效价。

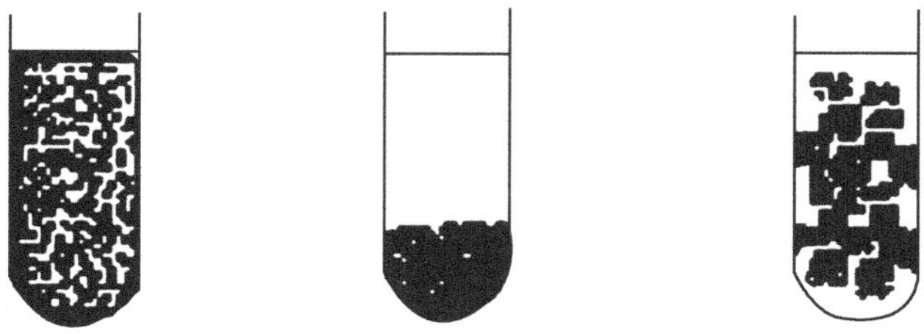

图 5-3　试管凝集结果示意图

【注意事项】

(1) 取样加样要准确。若用一支吸管一直稀释到底，每支试管在加入血清后用吸管吸放混匀时，第 2 次吸入吸管的液面高度决不能低于第 1 次；后一试管吸入吸管的液面高度决不能低于前一试管所吸入的高度，否则稀释度将不准确。或每一稀释度换用一支洁净吸管，则不需注意高度。

(2) 实验完毕，所用玻璃器皿要消毒灭菌。

(3) 一定的温度可促进分子运动，使反应加速，反应温度一般在 37~56℃，过高引起抗体变形，影响实验结果。

【思考题】

何谓抗体效价(滴度)?

二、间接凝集反应

将可溶性抗原或抗体先吸附于适当大小的颗粒性载体表面(这种载体与免疫无关)，然后与相应抗体或抗原结合，在适量的电解质存在下，出现特异性凝集现象，称为间接凝集反应(indirect agglutination)或被动凝集反应(passive agglutination)。这种反应适用于各种抗体和可溶性抗原的检测，其敏感度高于沉淀反应，因此广泛用于临床检验。其中将抗体吸附于载体表面检测抗原的间接凝集反应称为反向间接凝集反应。根据载体的不同可将间接凝集反应分为：间接血细胞凝集实验、间接乳胶凝集实验(及间接乳胶凝集抑制实验)和金黄色葡萄球菌协同凝集实验。

实验三　间接乳胶凝集实验——血清类风湿因子测定

【实验目的】

学习间接胶乳凝集实验的原理、操作方法及用途。

【实验原理】

类风湿因子(rheumatoid factor，RF)是抗人或动物 IgG Fc 段的抗体，是以变性 IgG 为靶抗原的自身抗体，主要类型为 IgM 型，也是临床免疫检验中常规方法所测定的类型。

以乳胶颗粒为载体，将人丙种球蛋白(IgG)吸附于聚苯乙烯乳胶颗粒上作为检测试剂，在反应介质中，待检血清中如含有 RF，可与胶乳颗粒出现凝集反应。这是检测 IgM 型 RF 的常用方法，辅助诊断疾病。但此方法只能定性或以滴度半定量，其灵敏度和特异性均不高，且只能检出血清中的 IgM 型 RF。

【实验材料】

(1) RF 乳胶悬浮液，含 NaN_3 0.1%。

(2) 待检血清、阳性对照(含 RF 至少 8 IU/mL)血清、阴性对照(无 RF 或含 RF 少于 8 IU/mL)人血清、稀释液。

(3) 微量反应板、微量移液器、微量振荡器、37℃恒温箱、移液头。

【实验方法】

(1) 使用前各种试剂恢复至室温。

(2) 轻轻摇动试剂以混匀，在反应卡片小孔中分别加阳性和阴性对照检查试剂各 1 滴。

(3) 取 1 滴(50μL)未稀释的血清(定性测量)滴在反应卡片上。或者倍比稀释后(半定量测定)的血清各 50μL，分别滴加于小孔中央。

(4) 轻轻摇动试剂以混匀乳胶颗粒，在对照、待测血清里各滴 1 滴 RF 乳胶试剂。

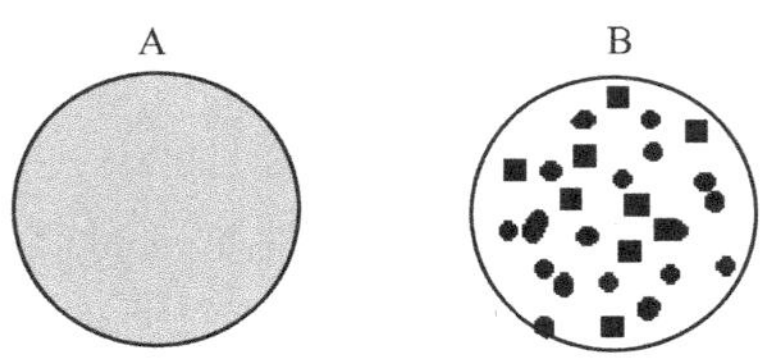

图 5-4 间接乳胶凝集实验结果示意图

(5) 混匀使之遍布整个圆圈表面。

(6) 手动旋转纸片 2min，同时观察有无凝集(图 5-4)。

【实验结果】

定性测定：有凝集块出现为阳性，呈均匀浑浊乳状液，不凝集为阴性。

半定量测定：以“++”的血清最高稀释度作为实验效价。标本的浓度值即阳性结果乘以稀释倍数的倒数，即 8 × 稀释倍数的倒数(IU/mL)。

【注意事项】

(1) 使用凝血后离心得到的新鲜血清。样品在测试前可在 2~8℃保存 48h，如需要保存更长时间，应将血清冻存。不得使用溶血、脂血和污染的血清标本。

(2) 使用前摇匀 RF 乳胶悬浮液，看上去应均匀且没有可见的凝块。

(3) 使用试剂盒内提供的吸管并且在滴至反应卡片的表面时要垂直。

(4) 试剂应储存在 2~8℃，不得冻存。各成分能保持稳定直至标签上所示的有效期。

【思考题】

检测 RF 有何临床意义?

实验四 间接凝集抑制实验——妊娠实验

【实验目的】

了解间接凝集抑制实验的基本原理、操作方法和用途。

【实验原理】

可溶性抗原致敏的乳胶颗粒与相应抗体作用可使乳胶颗粒凝集，此为间接乳胶凝集实验。若使该抗体先与可溶性抗原作用，再加入该抗原致敏的乳胶颗粒，则乳胶凝集被抑制，此为间接乳胶凝集抑制实验，此法可用于检测标本中的抗原。

妊娠实验据此原理设计：孕妇尿中绒毛膜促性腺激素(HCG)含量明显增高。HCG 与抗 HCG 抗体先作用后，再加入 HCG 致敏的乳胶颗粒，就不出现凝集反应，此为妊娠实验阳性；反之，非孕妇尿中 HCG 含量甚微，不足以消耗掉抗 HCG 抗体，故抗体与后加入的 HCG 致敏乳胶结合，呈现细小的凝集颗粒，则妊娠实验阴性。

【实验材料】

(1) 妊娠诊断试剂抗血清(抗 HCG)、妊娠诊断试剂乳胶抗原(HCG 致敏)、待检尿、孕妇尿、正常尿。

(2) 有格玻片和毛细吸管等。

【实验方法】

(1) 在玻片的第 1、第 2 和第 3 格内分别加 1 滴正常尿、待检尿及孕妇尿。

(2) 每格内加入妊娠诊断试剂抗血清 1 滴。轻轻摇动使其充分混匀，静置 1~2min。

(3) 每格加入乳胶抗原 1 滴，轻轻摇动玻片 3~5min 后观察结果，记录各标本有无凝集现象(图 5-5)。

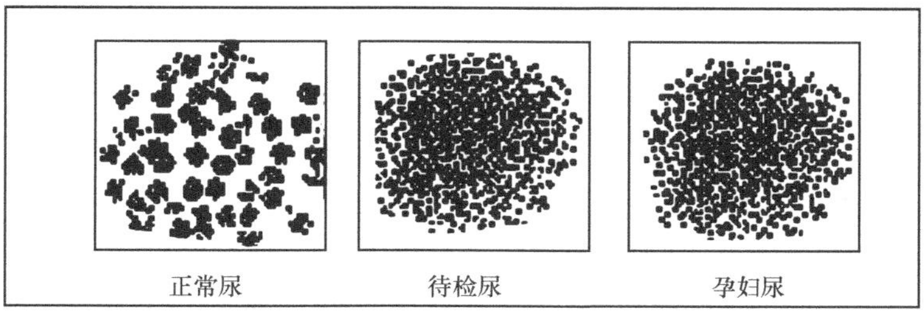

乳胶颗粒凝集　妊娠实验阴性　　乳胶颗粒不凝集　妊娠实验阳性　　乳胶颗粒不凝集　妊娠实验阳性

图 5-5　妊娠实验结果示意图

【实验结果】

孕妇尿格呈均匀浑浊乳状液，无凝集，妊娠实验阳性；正常尿格出现白色细小凝集物，随时间延长凝集物变成小块状，妊娠实验阴性。待检尿若为乳状液，妊娠实验阳性；若出现凝集，则妊娠实验阴性。

【注意事项】

(1) 实验所用诊断试剂用前应充分摇匀，而且应在有效期内使用。

(2) 加样用的滴管及混匀用的牙签不能共用。

(3) 加样不宜太多，玻片应始终保持水平，以防两格内反应液相混。

【思考题】

(1) 玻片凝集实验与试管凝集实验有何区别？直接凝集实验与间接凝集实验有何不同？

(2) 在各凝集实验中都设有相应对照，有何意义？若对照出现异常如何分析及解决？

实验五　SPA 协同凝集实验

【实验目的】

了解协同凝集实验的基本原理和用途。

【实验原理】

葡萄球菌 A 蛋白(*Staphylococcus* protein A，SPA)是金黄色葡萄球菌细胞壁中的一种蛋白质，具有和大多数哺乳动物 IgG 的 Fc 段发生非特异性结合的特性。IgG 的 Fc 段与 SPA 结合后，两个 Fab 段暴露在葡萄球体表面，仍保持其抗体活性和特异性，当与特异性抗原相遇时，即与抗原结合，出现特异凝集现象。在此凝集反应中，金黄色葡萄球菌菌体成了 IgG 抗体的载体，称为协同凝集反应(coagglutination)。本反应既保持了标记抗体的特异性，又提高了抗体的敏感性，用于检测微量抗原。

【实验材料】

(1) 抗原：可溶性伤寒杆菌“O”抗原。

(2) 免疫血清：伤寒杆菌 0901 兔免疫血清。

(3) 10% Cowan1 株金黄色葡萄球菌(含丰富 SPA)的菌液。

(4) pH7.4 PBS、0.5%甲醛(PBS 配制)、NaN_3、营养肉汤、琼脂。

(5) 水浴锅、离心机、恒温培养箱、高压灭菌锅、冰箱、吸管、滴管、载玻片等。

【实验方法】

(1) SPA 菌液的制备：Cowan1 株葡萄球菌接种于肉汤培养基，37℃培养 18~24h，再转种至有营养琼脂的克氏培养瓶中，每瓶 3~5mL，摇匀，37℃培养 18~24h。用 PBS 洗下菌苔，2500r/min 离心 20min，沉淀菌用 PBS 洗涤 2 次后，用 0.5%甲醛室温作用 3h，置 80℃水浴中 4min，以破坏菌体的自源性分解酶。再用 PBS 洗涤 3 次，用含 0.01%~0.05%NaN_3 的 PBS 配成 10%(*V*/*V*)的菌悬液，4℃冰箱保存。

(2) 致敏葡萄球菌液(IgG 标记 SPA 菌液，也称 SPA 菌诊断液)的制备：1mL 10%菌悬液中加适当稀释的伤寒“O”抗血清 0.1mL，充分混匀，置 37℃水浴作用 30min(中间摇动数次)。取出，3500r/min 离心 20min，弃上清，沉淀菌用 PBS 洗涤 2 次，用含 0.01%~0.05% NaN_3 的 PBS 配成 10%(*V*/*V*)的菌悬液。

(3) 协同凝集实验：取洁净载玻片 1 张，用记号笔划分成 3 格，如图 5-6 所示加样。在玻片的第 1、2 格分别加致敏葡萄球菌液 1 滴，第 3 格加未致敏的葡萄球菌菌液 1 滴。在玻片的第 1、3 格分别加可溶性伤寒“O”抗原(或伤寒杆菌 0901 培养物)1 滴，第 2 格加 NS 1 滴，在玻片载上混匀，观察 2~5min。

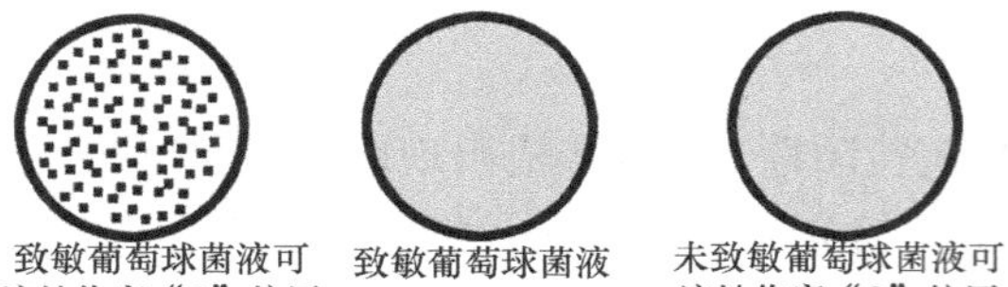

图 5-6 协同凝集反应示意图

【实验结果】

第 1 格在几秒钟内即可发生凝集，为阳性反应；第 2 格为致敏葡萄球菌悬液对照，细菌不凝集；第 3 格为未致敏葡萄球菌液对照，细菌不出现凝集(图 5-6)。

【注意事项】

(1) 制备的 SPA 菌诊断液在 4℃冰箱可保存至少半年。

(2) 免疫血清的效价及特异性是影响本实验的一个关键因素。

(3) 反应特异性的证实　可用 SPA 菌特异性花结实验对凝集阳性反应物进行证实。即将凝集阳性反应物涂片，进行革兰染色镜检，若见革兰阳性的葡萄球菌和被检菌团聚在一起，则为真阳性反应，否则为假阳性反应。

(4) 必要时可用不含 SPA 的 Wood46 菌株和正常兔血清标记菌体试剂作对照，以排除非特异性凝聚造成的假阳性结果。

【思考题】

SPA 协同凝集实验的临床应用。

第二节 沉 淀 反 应

可溶性抗原如血清、毒素、细菌浸出液等与相应抗体结合，当两者比例合适、并有适量电解质存在时，形成肉眼可见的沉淀物或沉淀线，称为沉淀反应(precipitation)。参与沉淀反应的抗原称为沉淀原，抗体称为沉淀素。由于参与反应的抗原为可溶性、分子小、单位体积内所含的抗原量多、与抗体结合的总面积大，为保持抗原与抗体的适当比例，操作时常稀释抗原而不是抗体，并以抗原的稀释度作为沉淀反应的效价。

沉淀反应是临床上最常用、最基本的方法之一。它的种类较多，可分为琼脂扩散实验、免疫电泳实验、免疫浊度实验、环状沉淀实验及絮状沉淀实验等。

一、液体内沉淀反应

实验一 环状沉淀实验

环状沉淀实验是 Ascoli 于 1902 年建立的，其方法是：先将抗血清加入内径 1.5~2mm 小玻管中，约装 1/3 高度，再用细长滴管沿管壁叠加抗原溶液。因抗血清蛋白浓度高，比重较抗原大，所以两液交界处可形成清晰的界面。此处抗原抗体反应生成的沉淀在一定时间内不下沉。一般在室温放置 10min 至数小时，在两液交界处呈现白色环状沉淀则为阳性反应。本技术的敏感度为 3~20 μg/mL 抗原量。环状实验中抗原、抗体溶液须澄清。该实验主要用于鉴定微量抗原，如法医学中鉴定血迹，流行病学用于检查媒介昆虫体内的微量抗原等，亦可用于鉴定细菌多糖抗原。

【实验目的】

学习和掌握环状沉淀反应方法。

【实验原理】

在小口径试管中先加入已知抗血清，然后将待检抗原小心地加在血清的表面，成为界面清晰的两层。数分钟后，两界面交界处出现白色沉淀环，为阳性反应。

【实验材料】

可溶性抗原(牛血清白蛋白)、兔抗牛血清白蛋白抗血清、生理盐水(0.85%NaCl)。

洗净载玻片、小试管、移液管、玻璃毛细吸管、不锈钢吸管。

【实验方法】

(1) 取 1∶25 的牛血清白蛋白 1mL，用生理盐水以对倍稀释法稀释成 1∶50、1∶100、1∶200、1∶400、1∶800、1∶1600、1∶3200 的抗原溶液。

(2) 取 9 支洁净干燥的小试管，每支小试管加入 1∶2 的兔抗牛血清白蛋白抗血清 0.5mL。

(3) 用移液管吸取已稀释好的牛血清白蛋白(抗原)，从最大稀释度开始，沿着管壁缓缓加入各小试管中，使与下层抗体之间形成交界面，切勿摇动混匀，第 8 管加入生理盐水及第 9 管加入兔抗血清以作对照。

(4) 静置 15~30min，观察在两液面交界处有无白色环状沉淀物出现。

【实验结果】

凡有白色环状沉淀物者记“+”，没有沉淀者记“–”。最大稀释度的抗原与抗体交界面之间还出现白色环状沉淀者，此管的抗原稀释倍数即为抗体(沉淀素)的效价。

【注意事项】

在进行环状沉淀反应实验时，一定要沿着管壁加入抗原，而且切勿摇动，否则影响沉淀环的形成。

【思考题】

环状沉淀反应的应用?

实验二　免疫浊度法定量测定血清 IgG、IgA、IgM

【实验目的】

(1) 掌握 IgG、IgA、IgM 测定的临床意义。

(2) 熟悉用免疫浊度法(immunoturbidimetry)测定人血清中免疫球蛋白(immunoglobulin，Ig)的原理。

【实验原理】

抗原与抗体反应，在比例适当时形成抗原抗体免疫复合物(IC)，此复合物在含聚乙二醇(PEG)的电解质作用下可自液相析出，形成微粒，使反应液出现浊度，当反应液中保持抗体过量时，形成的复合物随抗原量的增加而增加，反应液的浊度也随之增加，与一系列的标准品对照，即可计算出被检物的含量。Ig 测定时，将待测血清作适当稀释后与羊抗人 Ig 血清在液相中反应，形成免疫复合物，PEG 可加速免疫复合物的形成，并使其浊度增加，然后用分光光度计测定反应液的吸光度 A。用已知不同浓度的 Ig 含量为横坐标，以其吸光度 A 为纵坐标，作标准曲线，可求出待测血清中的 Ig 含量。

【实验材料】

(1) PEG-NaF 稀释液：PEG 40.0g，NaF 20.0g，NaCl 19.0g，NaN_3 1.0g，加蒸馏水溶解至 1000mL，双层滤纸过滤。

(2) 羊抗人 IgG、IgA、IgM 抗血清。

(3) Ig 标准参考血清。

(4) 试管、试管架、1mL 吸管、1~20μL 可调加样器、坐标纸、铅笔、恒温水浴箱、离心机、分光光度计或半自动生化分析仪。

【实验方法】

(1) 待检血清标本稀释：测 IgG，血清按 1∶10 用生理盐水稀释，测 IgA 和 IgM 时血清可不稀释。在测定管中待检血清的最后稀释倍数，测 IgG 为 1∶1000，测 IgA 为 1∶(100~200)，测 IgM 为 1∶(50~100)比较合适。

(2) 抗血清稀释：按厂家说明书标明效价的 80%稀释，即效价为 1∶100 的抗血清，按 1∶80 稀释使用。例如，效价 1:100 的羊抗人 IgG 血清，取 12.5μL 加入 1mL PEG-Naf 稀释液中即为 1∶80 稀释，具体加样见表 5-3。

表 5-3　免疫比浊法测定免疫球蛋白的操作程序

	测 IgG	测 IgA	测 IgM
PEG-NaF 稀释液/mL	1.0	1.0	1.0
抗血清/μL(效价 1∶100)	12.5	12.5	12.5
充分混匀			
待测血清/μL	1.0 稀释血清	5.0 (原血清)	10.0 (原血清)
充分混匀，37℃温育 30min			

(3) 测定吸光度 *A* 值　加样完毕后中，充分混匀，置 37℃温育 30min。以抗血清稀释液作空白，用分光光度计 340nm 处测定 *A* 值。也可用半自动生化分析仪测定 *A* 值。

(4) 标准曲线的绘制　将标准 Ig 参考血清稀释成 5 个不同浓度的标准管，按上述操作步骤进行，测定各管的 *A* 值。以已知浓度的 Ig 含量为横坐标，以 *A* 值为纵坐标，制备标准曲线。再用待测血清的 *A* 值查标准曲线可得出其中的 Ig 含量。

【实验结果】

正常血清参考值：IgG 7.6~16.6g/L；IgA 0.71~3.35g/L；IgM 0.48~2.12g/L。

【注意事项】

(1) 抗原和抗体的比例是浊度形成的关键因素。当抗原过量时，由于钩状效应即“后带现象”，形成的 IC 分子小，使浊度下降。当反应液中抗体过量时，IC 的形成随着抗原量递增。但这种抗体过剩又必须适量，测定 IgG 时，血清样品作 1∶(1000~2000)稀释；测定 IgA 按 1∶(100~200)稀释；测定 IgM 按 1∶(50~100)稀释比较合适。

(2) 抗血清的质量要好，特异性强，效价高，并使用 R 型抗体。R 型抗体是指以家兔为代表的小型动物经抗原免疫后制备的抗血清，包括大白鼠、豚鼠、家兔、家禽和羊等动物的免疫血清。这类抗血清的特点是亲和力较强，抗原抗体结合后不易发生解离。

(3) 抗原抗体反应液的最适 pH 为 6.5~8.5，超过此限度则不易形成 IC。

(4) 电解质可以中和抗原抗体结合物的表面电荷，促进结合物相互凝聚形成浊度。在一定范围内，离子强度大，IC 形成快。

(5) PEG 是一种增浊剂，其作用是能消除蛋白质(抗原、抗体)分子周围的电子云和水化层，促进抗原、抗体分子结合形成大分子复合物。PEG 的用量一般为 3%~4%，浓度过高将引起血清中其他蛋白质非特异性沉淀，形成伪浊度，影响测定结果的准确性。

【思考题】

(1) 单向扩散与火箭电泳、双向扩散与免疫电流比较各有何特点？

(2) 对流免疫电泳中，抗原为何放阴极端，抗体为何放阳极端？

(3) 测定未知抗原与抗体及测其纯度时应选何种打孔模式？三孔模式及梅花孔模式适合于何种性质的双向扩散？

(4) 免疫浊度实验的原理及实验中的主要注意事项是什么？

(5) 血清 IgG 异常时涉及哪些疾病？

二、琼脂扩散实验

利用可溶性抗原与相应抗体在半固体琼脂内进行扩散，当两者比例合适时，就出现白色沉淀线，为阳性反应。本实验可在试管内、平皿中及玻片上的琼脂内进行操作。琼脂扩散实验可分为单向琼脂扩散实验和双向琼脂扩散实验。扩散与电泳结合又有多种方法，如对流免疫电泳、火箭电泳及交叉免疫电泳等。

实验三　单向琼脂扩散实验

【实验目的】

掌握单向琼脂扩散的基本原理、方法、结果分析及临床用途。

【实验原理】

单向琼脂扩散实验(single agar diffusion)是一种定量实验。将一定量的抗体混合于琼脂内，倾注于玻璃板上，凝固后，在琼脂层中打孔，再将抗原加入孔中。孔中抗原向四周扩散(相对分子质量 < 20 万的物质，在琼脂中扩散犹如在液体中自由运动)，在抗原与抗体的比例合适处，呈现白色沉淀环。沉淀环的直径大小与抗原浓度成正比。如事先用不同浓度的标准抗原制成标准曲线，则未知标本中的抗原含量可从标准曲线中求出。本实验主要用于检测标本中各种 Ig 和血清中各种补体成分的含量，灵敏度较低。

【实验材料】

(1) 3%琼脂：用 0.0lmo1pH 7.4 磷酸盐缓冲液配制。

(2) 抗血清：羊抗人 IgG 诊断血清(单向扩散效价 1∶80)。

(3) 标准抗原：冻干健康人混合血清。

(4) 待检标本：人血清。

(5) 0.01 mo1 pH 7.4 磷酸盐缓冲液(PBS)。

(6) 单向扩散专用小塑料板、微量移液器、打孔器(3mm)和水浴箱等。

【实验方法】

(1) 将 3%琼脂加热溶解后，保温于 56℃水浴中。

(2) 用 PBS 将羊抗人 IgG 诊断血清做 1∶40 稀释，保温于 56℃水浴中，当抗血清和琼脂均为 56℃时，二者等量混匀，此时抗血清的浓度为 1∶80，琼脂浓度为 1.5%。

(3) 将含有抗血清的琼脂浇板，每块板 4mL，待其冷却凝固后，用打孔器在琼脂板上打孔，空间距为 1.2~1.5cm，挑出孔内琼脂。

(4) 稀释标准抗原：每支干燥标准血清加入蒸馏水 0.5mL，待完全溶解后，根据 IgG 含量用 PBS 稀释成几种稀释度，使其 IgG 含量分别为 50μg/mL、100μg/mL、200μg/mL、400μg/mL、800μg/mL 等。

(5) 加样：用微量移液器吸取 10μL 各种稀释度的标准抗原，准确地加入琼脂板的孔中，一种稀释度加 2 个孔，用以制作标准曲线。测待检标本时，先将被检血清用 PBS 做 1∶40 稀释，然后每孔加 10μL，每份标本加 2 个孔。

(6) 加好样品的琼脂板放于湿盒内，经 37℃ 24 h 后取出，测量各孔沉淀环直径(图 5-7)。

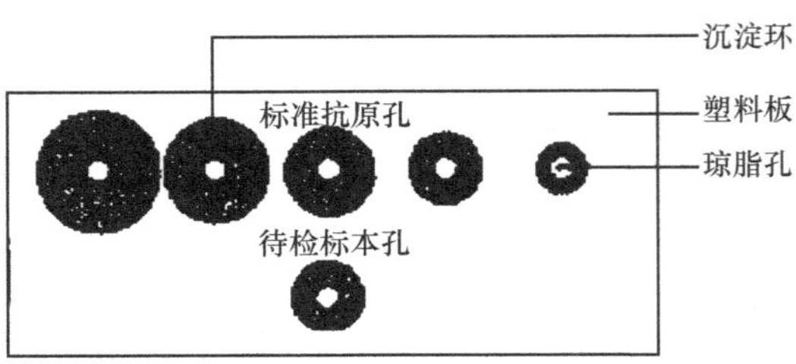

图 5-7　单向琼脂扩散示意图

【实验结果】

以各种稀释度标准抗原的沉淀环直径为纵坐标，相应孔中 IgG 含量为横坐标，在计算机或半对数坐标纸上画出标准曲线。根据待检血清沉淀环的直径，查标准曲线，将查得的 IgG 含量乘以标本的稀释倍数(40)，即为血清中 IgG 含量(图 5-8)。

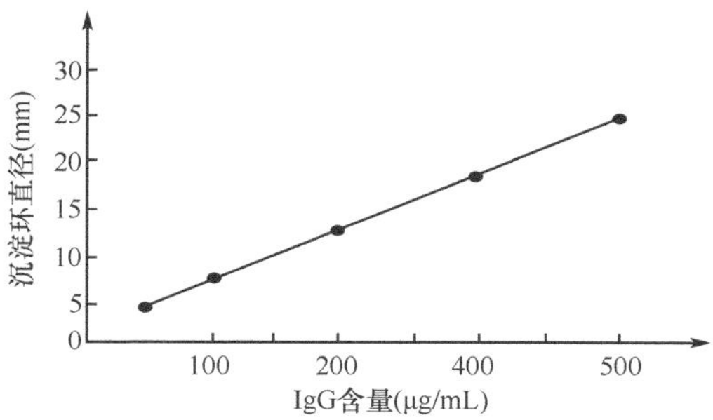

图 5-8 单向琼脂扩散实验标准曲线

【注意事项】

(1) 该实验为定量实验，因此，对各种影响因素，如参考蛋白的标准、抗体的浓度、琼脂的质量与浓度、免疫板的厚度与均匀程度等，必须严格控制。

(2) 制备琼脂板时，琼脂煮沸时间不宜过长，防止水分蒸发。灌板时一定将抗血清 56℃预温。

(3) 铺板要一次铺满，保证均匀、平整、无气泡；加样时应垂直加入孔中，切勿使样品外溢，确保定量实验结果的准确性。标准曲线制备必须与待测抗原测定同时进行。

(4) 琼脂扩散板要保持水平状态，扩散时间不得超过 48h，否则沉淀环可呈椭圆形，不易测量直径。沉淀线不易辨认时，可用考马斯亮蓝染色。

【思考题】

单向琼脂扩散时为何抗血清要 56℃预温而不能太高或过低？

实验四 双向琼脂扩散实验

【实验目的】

(1) 学习双向琼脂扩散实验的原理和用途。

(2) 掌握抗体效价和特异性的测定方法，观察沉淀线特征。

【实验原理】

双向扩散(double diffusion)是将可溶性抗原和抗体分别加到琼脂板相对应的孔中，两者各自向四周扩散，如果抗原和抗体相对应，则在两者比例适当处形成白色沉淀线。若同时含有若干对抗原抗体系统，因其扩散速度不同，可在琼脂中出现多条沉淀线。观察沉淀线的位置、形状等可对抗原或抗体做出定性分析。本实验常用于检测抗原抗体的纯度，滴定抗体的效价及用已知抗原(抗体)检测和分析未知抗体(抗原)。临床上用此法检测患者血清中的甲胎球蛋白(AFP)，作为原发性肝癌的重要诊断指标。双扩实验所需时间较长(24 h)，灵敏度不高。

【实验材料】

(1) 抗体：抗 AFP。

(2) 抗原：AFP。

(3) 待检血清。

(4) 1%琼脂(生理盐水配制，内含 1∶1000 NaN_3)。

(5) 载玻片、吸管、吸球、打孔器、微量移液器、湿盒及 37℃孵箱等。

【实验方法】

(1) 将琼脂加热溶化，待冷却至 50~60℃时，用吸管吸取 4mL 缓缓加在载玻片上(勿使溢出玻片边缘，并避免产生气泡)。

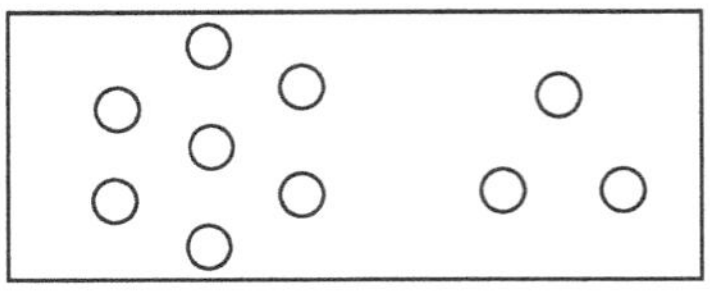

图 5-9 双扩散法琼脂孔的大小及距离示意图

(2) 待琼脂冷却凝固后，用打孔器按(图 5-9)打孔(打 6 孔或 3 孔均可，孔间距为 6 mm)，并将孔中琼脂挑出。

(3) 用微量移液器向中央孔(三角孔随意一孔)内加入 10μL 抗 AFP 抗体，上下孔加 AFP 抗原作阳性对照，其余孔加 10μL 待检血清，防止液体外溢。

(4) 将琼脂板放在湿盒内置 37℃孵箱中 24h 后观察结果。

【实验结果】

若待检血清标本产生沉淀线，并与阳性对照所产生的沉淀线吻接成一线，则表示 AFP 阳性。如无沉淀线则表示 AFP 阴性。

双扩时，在抗原和抗体的对应孔和邻近孔之间，由于加入的抗原和抗体的成分不同，沉淀线的位置、数目和特征也有差异，这些都有助于分析抗原或抗体的成分，沉淀线一般有以下几种情况。

(1) 抗原与抗体的浓度相等，沉淀线在两孔之间呈直线(图 5-10A)；若抗体浓度比抗原低，则沉淀线靠近抗体一方(图 5-10B)；反之，如抗原浓度比抗体低，测沉淀线靠近抗原一方(图 5-10C)。

(2) 在三角形排列孔中，若两抗原孔内的抗原相同，与同一相应抗体反应，两条沉淀线顶端相连(图 5-10D)；若两抗原孔内抗原不同，与两种相应抗体反应，两条沉淀线相交(图 5-10E)；若一抗原孔的抗原与另一孔中除有相同成分外又有不同成分，抗体孔内有各相应的抗体，则形成的沉淀线相切(图 5-10F)。

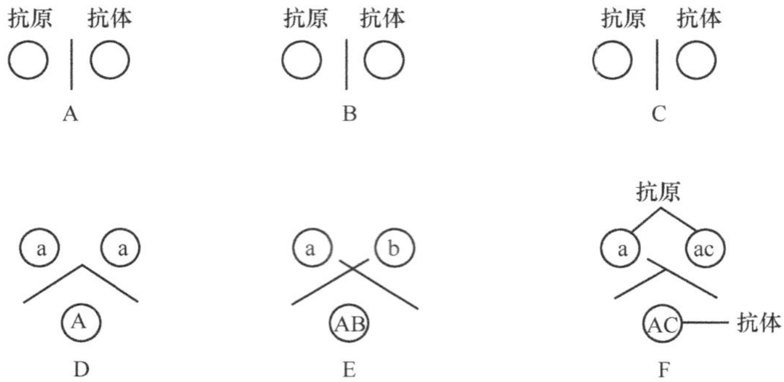

图 5-10 双向琼脂扩散实验沉淀线类型

【注意事项】

(1) 扩散时间要适当。时间过短，沉淀线不能出现；时间过长，会使已形成的沉淀线解离或散开而出现假象。

(2) 加抗原、抗体的移液头不能混用。

(3) 加样时，注意不要将琼脂划破，以免影响沉淀线的形状。

【思考题】

简述双扩的应用。

实验五　对流免疫电泳

【实验目的】

掌握对流免疫电泳的原理和方法，了解其用途。

【实验原理】

带电的胶体颗粒可在电场中移动，移动方向与胶体颗粒所带电荷有关。多数蛋白质抗原在碱性缓冲液中由于羧基电离而带负电荷，在电泳时从负极向正极移动。抗体属球蛋白，所暴露的极性基团较少，在碱性缓冲液中电离也少，只带微弱的负电荷，而且相对分子质量较大，电泳力较小，在琼脂电渗力作用下反而由正极向负极移动(电渗是指在电场中液体对于一个固定固体的相对移动。琼脂是一种酸性物质，在碱性溶液中带负电荷，而与它接触的溶液带正电荷，因此液体中的离子向负极移动，产生电渗)，这样就使抗原和抗体定向对流，在两孔间相遇时发生反应，并在比例合适处形成肉眼可见的白色沉淀线。这种将双向琼脂扩散和电泳技术结合在一起的方法称为对流免疫电泳(counter immuno-electrophoresis)。

由于抗原抗体在电场中定向移动，限制了抗原抗体的多向自由扩散，加快了抗原抗体的移动速度，因而提高了实验的敏感度，同时也缩短了实验时间，故可用于快速诊断。

【实验材料】

(1) 电泳缓冲液：pH 8.6 巴比妥-盐酸缓冲液。

(2) 抗体：抗 AFP。

(3) 抗原：AFP 阳性血清、待检病人血清。

(4) 1%琼脂：用 pH8.6 巴比妥-盐酸缓冲液配制，冰箱保存备用。

(5) 电泳仪、电泳槽、载玻片、打孔器、10mL 吸管、移液器、移液头。

【实验方法】

(1) 制板：加热熔化 1%琼脂，冷却至 50~60℃时，用 10mL 吸管吸取 4mL 加于载玻片上。

(2) 打孔：在凝固后的琼脂板上，用打孔器打两排孔，孔间距为 4mm。

(3) 加样：将琼脂板上有标记孔的作为阴极，然后按图 5-11 所示加满各孔。

(4) 电泳：将加好样品的琼脂板置于电泳槽上，抗原侧置阴极端，抗体孔侧置阳极端。琼脂板两端用纱布与缓冲液相连，接通电源，控制电压 6~10 V/cm 板长(两端电压约 50V)，电泳 30~60min。

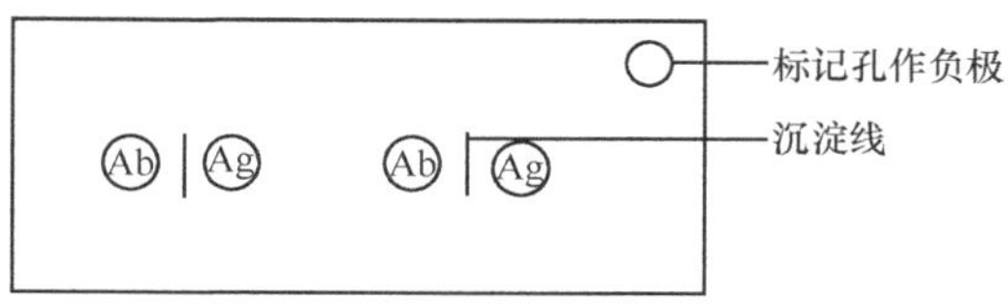

图 5-11　对流免疫电泳示意图

(5) 关闭电源，取出琼脂板，观察结果。

【实验结果】

将玻片对着强光源，先观察 AFP 阳性血清孔与抗体孔之间的白色沉淀线，然后再观察待检血清孔与抗体孔之间是否也有沉淀线出现，如有沉淀线，则表示 AFP 实验阳性，否则 AFP 实验为阴性。

【注意事项】

(1) 电泳时电流不宜过大，以免蛋白质变性。

(2) 抗原和抗体的电极方向不能搞错。

(3) 抗原和抗体的浓度要适当，抗原太浓或太稀都不易出现沉淀线。

(4) 电泳所需时间与孔间距离有关，距离越大，电泳时间越长。

【思考题】

(1) AFP 检测的临床意义?

(2) 若抗原也是免疫球蛋白，或抗原抗体的扩散率比较接近，这种情况怎么办?

(3) 本方法为何宜采用带有适当电渗的琼脂为介质?

(4) 对流免疫电泳能取代双向琼脂扩散吗?

实验六　免 疫 电 泳

【实验目的】

掌握免疫电泳的原理和方法，了解其用途。

【实验原理】

免疫电泳实验(immunoelectroretic test)是将琼脂电泳和双向琼脂扩散相结合用于分析抗原组成的一种定性方法，具有灵敏、快速的优点。实验可分为两个步骤。

1. 电泳　将待检的可溶性物质在琼脂板上进行电泳分离。由于不同蛋白质的相对分子质量及所带电荷均不相同，在电场中，其运动速度也不同，因此通过电泳能把混合物中的各种蛋白质分离开来。

2. 琼脂扩散　电泳后在琼脂槽中加入相应抗血清，然后置湿盒内让其进行扩散。当抗原与抗体相遇且比例适合时，可形成不溶性复合物，出现特异性沉淀线。根据沉淀线的数目及位置可鉴定分析各种抗原成分及其性质。

【实验材料】

(1) 待检标本：健康人血清。

(2) 兔抗人血清。

(3) 1%琼脂：用 0.05mo1 pH8.6 巴比妥缓冲液配制。

(4) 载玻片、打孔器、2mm × 6mm × 60mm 聚苯乙烯塑料条、微量移液器、10mL 吸管。

【实验方法】

1. 制板　载玻片放于水平台面上，按图 5-12 将塑料条放置在玻片上，吸取 4 mL 已加热溶化好的 1%琼脂于载玻片上，待其凝固后，取出塑料条，即成琼脂槽，再按图上打孔，挑去孔中琼脂。

2. 加样　用微量移液器向孔中加入标本，勿使外溢。

3. 电泳　将加好标本的琼脂板置电泳槽上，琼脂板两端用纱布与缓冲液相连，接通电源，控制电压 4V/cm 板长，电泳约 1.5h。

4. 扩散　在琼脂槽中加满兔抗人血清，然后将其置湿盒内 37℃扩散 24h，观察结果(图 5-12)。

【实验结果】

在槽的一侧出现弧形沉淀线。

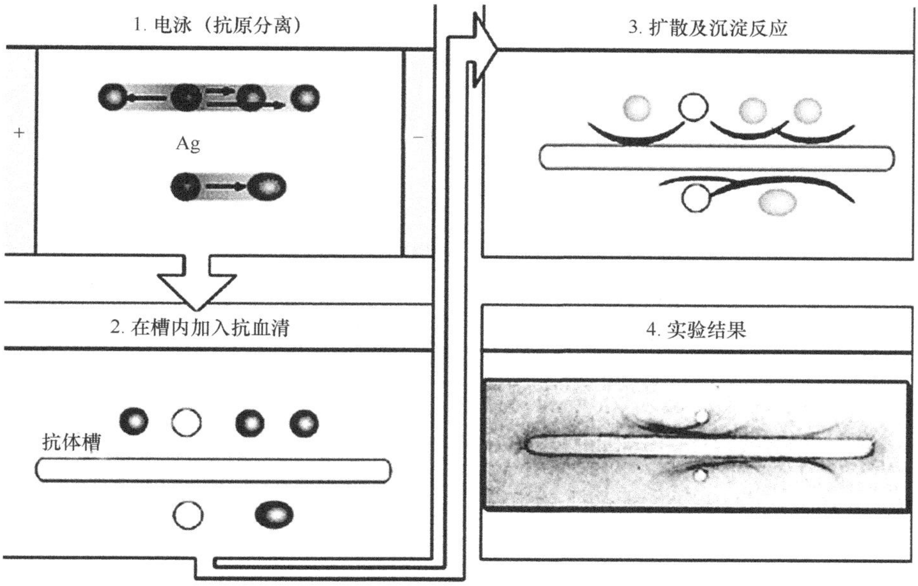

图 5-12 免疫电泳示意图

【注意事项】

(1) 电泳板扩散后，可直接观察或染色观察。直接观察要在黑色背景下，用斜光观察。

(2) 琼脂板与纱布之间的搭桥应紧密接触，以免因电流不均而发生沉淀线歪曲。

(3) 缓冲液的离子浓度不能太高，pH 6~9 的硼酸盐缓冲液也适合。为防止电泳后两个缓冲槽中的缓冲液 pH 和离子强度的改变，每次电泳后应将二槽的缓冲液混合或更换正负电极后使用。

(4) 染色前用生理盐水充分漂洗标本，用 0.05%氨基黑 10B 染色 5~10min，5%乙酸脱色至琼脂板背景无色为止。

【思考题】

免疫电泳与双向扩散比较其优点何在？

实验七 火箭免疫电泳

【实验目的】

了解火箭免疫电泳的基本原理、用途和方法。

【实验原理】

火箭免疫电泳(rocket immunoelectrophoresis)是在单向免疫扩散基础上发展起来的一种定量技术。检测时将含有已知抗体的琼脂浇成琼脂板，在琼脂板的一端打一排抗原孔，加入待检样品和不同稀释度的标准抗原后，将抗原置阴极端进行电泳，抗原向阳极移动过程中与相应抗体形发生反应，在两者比例适当处沉淀下来，随着泳动抗原的逐渐减少，沉淀也逐渐减少，形成峰状的沉淀区，状似火箭，故而得名。抗体浓度保持不变，峰的高度与抗原量呈正比，用已知标准抗原作对照，可以方便地测定未知标本中抗原的含量(图 5-13)。

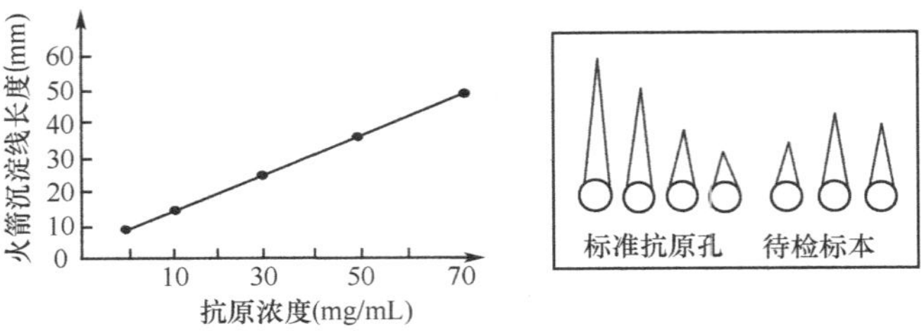

图 5-13　火箭电泳示意图

【实验材料】

(1) 2%琼脂：用 0.05mo1 pH8.6 巴比妥缓冲液配制。

(2) 抗体：抗 AFP。

(3) 标准抗原：标准 AFP 抗原。

(4) 待检标本：肝癌患者血清。

(5) 玻璃板，其他材料同对流免疫电泳。

【实验方法】

1. 制板　2%琼脂加热溶化后置 56℃水浴箱中保温；根据抗体效价用 0.05mo1 pH8.6 巴比妥缓冲液稀释，并保温于 56℃水浴箱中；然后将琼脂和抗体等量混合，混匀后立即浇板。

2. 打孔　凝固后用金属打孔器在距琼脂边缘 15mm 处打一排孔，孔距相距 7~8mm。

3. 加样　用微量移液器在每孔中加入 10μL 不同稀释度的标准抗原及待测标本，标准抗原稀释度范围应包括标本最高含量和最低含量。

4. 电泳　将加好样品的琼脂板立即置电泳槽内，抗原孔在阴极端，电压维持在 3~5V/cm，电泳 6~8h。

【实验结果】

电泳完毕后，取出琼脂板，精确测量各孔中心至沉淀峰尖端的长度，制作标准抗原的标准曲线。以测得的待检抗原峰长度查标准曲线，即可得出待测标本中的抗原含量。

【注意事项】

(1) 搭桥为关键性步骤，桥宽应与琼脂板大小一致，应完全紧密接触，以免因电流不均而发生沉淀线歪曲。

(2) 若所得标准曲线呈弯曲状，则可将样品作进一步的稀释，并适当减少琼脂板中抗体的含量。

(3) 琼脂及抗体的保温温度应适宜，保温时间不宜太长，否则会影响抗体活性。

【思考题】

(1) 试分析下述火箭电泳中可能出现的现象：①无沉淀峰，②出现几个峰，③峰扭曲。

(2) 在火箭电泳中，火箭峰逐渐变高且浓度变淡是何原因？应如何调整至正常？

(李德奎)

第六章　免疫标记技术

免疫标记技术(immunolabelling technique)是建立在经典免疫学检测技术基础上，以荧光素、放射性同位素、酶、铁蛋白、胶体金及化学(或生物)发光剂等作为示踪物，标记抗体或抗原进行的抗原抗体反应；并借助于荧光显微镜、γ 射线测量仪、酶标检测仪、电子显微镜和发光免疫测定仪等精密仪器，对实验结果直接镜检观察或进行自动化测定，可在细胞、亚细胞、超微结构及分子水平上，对抗原抗体反应进行定性、定量和定位研究；或应用各种液相和固相免疫分析方法，对体液中的半抗原、抗原和抗体进行定性和定量测定。免疫标记技术结合了抗原抗体反应的特异性和标记物示踪术的敏感性，因此，免疫标记技术在敏感性、特异性、精确性及应用范围等方面远远超过一般的免疫血清学方法。

根据实验中所用标记物的种类和检测方法不同，免疫标记技术分为免疫荧光技术、免疫酶技术、放射免疫技术、免疫电镜技术、免疫胶体金技术和发光免疫测定等。

第一节　免疫酶技术

免疫酶技术是将抗原抗体反应的特异性与酶的高效催化作用有机结合的一种方法。它以酶作为标记物，与抗体(或抗原)联结，与相应的抗原(或抗体)作用后，通过底物的颜色反应作抗原抗体的定性和定量分析，亦可用于组织中抗原或抗体的定位研究，即酶免疫组织化学技术。

目前应用最多的免疫酶技术是酶联免疫吸附实验(enzyme-linked immunosorbent assay，ELISA)，它是将可溶性抗原(或抗体)吸附于固相载体上，加入酶标抗体(或抗原)与吸附在载体上的抗原(或抗体)结合，形成酶标记复合物，再加入酶底物时，即可显色。颜色反应的深浅与相应的抗体或抗原量相关。常用的酶有辣根过氧化物酶(horseradish peroxidase，HRP)和碱性磷酸酶(alkaline phosphataes，AP)，相应的底物分别是邻苯二胺(*o*-phenylenediamine，OPD)和对硝基苯磷酸盐。实验方法有间接法(图 6-1)、夹心法(图 6-2)

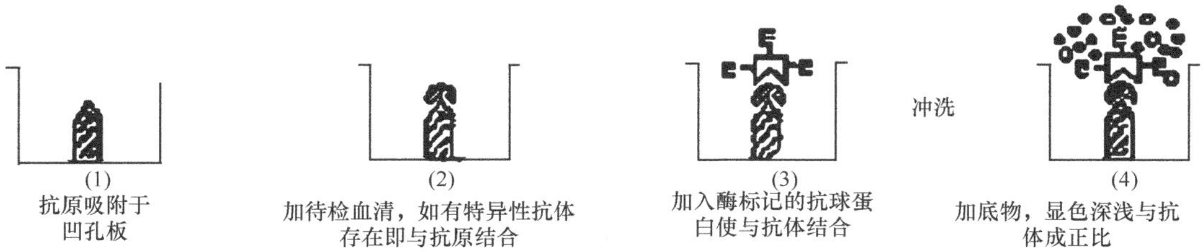

图 6-1　间接法(测抗体)示意图

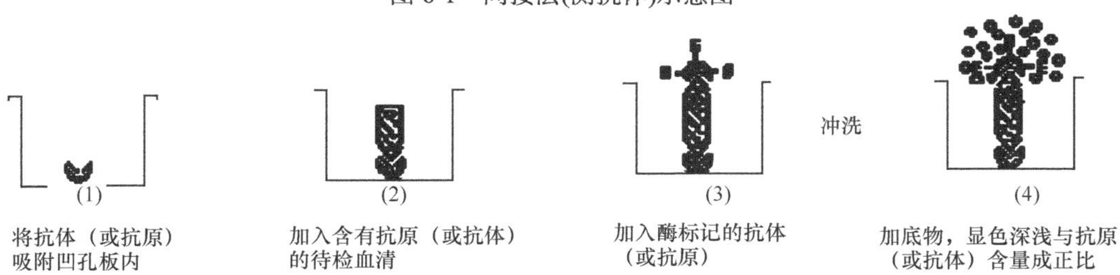

图 6-2　夹心法示意图

和竞争法(图 6-3)。本节应用 ELISA 检测乙型肝炎病毒抗原或抗体(方法相同，则省略实验材料、实验方法、实验结果)。

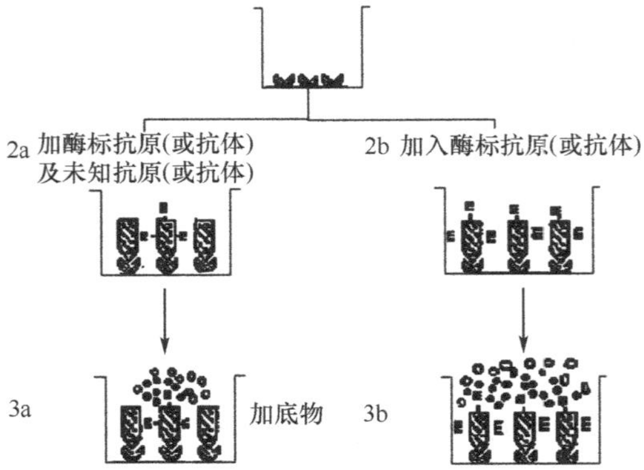

图 6-3 竞争法示意图

实验一 夹心法检测 HBsAg

【实验目的】

(1) 掌握 ELISA 的原理和三种基本方法的临床意义。

(2) 熟悉酶免疫标记技术的原理和应用。

【实验原理】

采用多克隆抗-HBs 包被反应板，加入待测标本，同时加入单克隆抗-HBs-HRP，如待测标本中含有乙肝病毒 HBsAg 时就与包被抗-HBs、抗-HBs-HRP 结合形成复合物，加入 TMB 底物产生显色反应，反之就无显色反应。

【实验材料】

(1) 乙肝病毒 HBsAg 酶联免疫诊断试剂盒(由厂商供应)。

1) 预包被微孔条(用纯化的抗-HBs 包被)。

2) 酶联试剂(用 HRP 标记的抗 HBs)。

3) HBsAg 阳性对照。

4) HBsAg 阴性对照。

5) 洗涤液(浓缩液)。

6) 显色剂 A、B。

7) 终止液(2 mol/L H_2SO_4)。

(2) 微量加样器、混合振荡器、酶标测定仪、恒温箱、吸水纸、蒸馏水等。

【实验方法】

1. 配液 浓缩洗涤液用蒸馏水或去离子水 25 倍稀释使用。

2. 编号 将微孔条固定于支架，按序编号。

3. 加样 用加样器分别加待检血清和阴性对照、阳性对照各 50μL(1 滴)于相应孔中，设空白对照孔(加 50μL 洗涤液)。

4. 加酶 除空白对照外，每孔加酶联试剂 50μL(1 滴)。

5. 温育　振荡混匀，置 37℃ 30min 后取出。

6. 洗涤　甩去孔内液体，扣干，用洗涤液注满各孔，静置 2s，甩干，重复 5 次后拍干。

7. 显色　每孔加显色剂 A、B 各 50μL(1 滴)振荡混匀，37℃暗置 15min。

【实验结果】

1. 目测　在白色背景下观察各孔显色情况，有明显蓝色者为阳性，无色者为阴性。

2. 酶标仪检测　每孔加终止液 50μL(1 滴)混匀，用酶标仪(450nm 波长)测各孔 *A* 值。计算 *P*/*N* 值：

$$P/N=\frac{\text{标本孔}A\text{值}}{\text{阴性对照孔}A\text{值}}$$

结果判断：*P*/*N* 值≥2.1 者为阳性，＜2.1 者判为阴性(阴性对照孔 *A* 值小于 0.05 时以 0.05 计)。

实验二　夹心法检测 HBeAg

【实验原理】

采用多克隆抗-HBe 包被反应板，加入待测标本，同时加入单克隆抗-HBe-HRP，如待测标本中含有 HBeAg 时就与包被抗-HBe、抗-HBe-HRP 结合形成复合物，加入 TMB 底物产生显色反应，反之就无显色反应。

实验三　夹心法检测抗-HBsAg

【实验原理】

采用纯化 HBsAg 包被反应,加入待测标本,同时加入 HBsAg-HRP,当标本中存在抗-HBs 时，该抗-HBs 与包被 HBsAg 结合并与酶结合物结合形成 HBsAg-抗-HBs-HBsAg-HRP 复合物，加入 TMB 底物产生显色反应，反之则无显色反应。

实验四　竞争法检测抗-HBc

【实验原理】

采用基因工程重组 HBcAg 包被反应板，加入待测标本，同时加入抗-HBc-HRP，与抗原形成竞争结合，如待测标本中抗-HBc 含量高，则抗-HBc-HRP 与 HBcAg 结合少，加入 TMB 底物时显色淡，反之则显色深。

【实验材料】

(1) 乙肝病毒核心抗体酶联免疫诊断试剂盒。

1) 预包被微孔条(预包被纯化乙肝核心抗原)。

2) 酶联试剂(用 HRP 标记特异性乙肝核心抗体)。

3) 抗-HBc 阳性对照。

4) 抗-HBc 阴性对照。

5) 洗涤液(浓缩液)。

6) 显色剂 A、B。

7) 终止液(2mol/L H_2SO_4)。

(2) 微量加样器、振荡器、酶标仪、恒温箱、吸水纸、蒸馏水、生理盐水等。

【实验方法】

(1) 配液：浓缩洗涤液用蒸馏水 25 倍稀释使用。

(2) 样品稀释：将待测血清样品用生理盐水 1∶30 稀释后检测。

(3) 编号：将微孔条固定于支架，按序编号。

(4) 加样：用加样器分别加已稀释的待检血清和阴性对照、阳性对照各 100μL(2 滴)于相应孔中，设空白对照(加 50μL 洗涤液)。

(5) 加酶：除空白对照外，每孔加酶联试剂 50μL(1 滴)。

(6) 温育：振荡混匀，置 37℃ 30min 后取出。

(7) 洗涤：甩去孔内液体，扣干，用洗涤液注满各孔，静置 5s，甩干，重复 5 次后拍干。

(8) 显色：每孔加显色剂 A、B 各 50μL(1 滴)，混匀，37℃温育 15min。

【实验结果】

(1) 目测：在白色背景下观察各孔显色情况，无色或显色强度与阳性对照相近者，判为抗-HBc 阳性，显色强度接近或深于阴性对照孔者，判为抗-HBc 阴性。

(2) 酶标仪检测：每孔加终止液 50μL(1 滴)，混匀，用酶标仪(450 nm 波长)测定各孔 *A* 值。计算 *P/N* 值：

$$P/N\text{值}=\frac{\text{标本孔}A\text{值}}{\text{阴性对照孔}A\text{值}}$$

结果判断：$P/N \leqslant 0.5$ 者判为抗-HBc 阳性，$P/N > 0.5$ 者判为抗-HBc 阴性。

实验五　竞争法检测抗-HBe

【实验原理】

采用多克隆抗-HBe、基因工程重组 HBeAg 包被反应板，加入待测标本，同时加入单克隆抗-HBe-HRP，与抗原形成竞争结合，如待测标本中抗-HBe 含量高，则抗-HBe-HPP 与 HBeAg 结合少，加入 TMB 底物时显色淡，反之则显色深。

【实验方法】

(1) 配液：浓缩洗涤液用蒸馏水 25 倍稀释使用。

(2) 编号：将微孔条固定于支架，按序编号。

(3) 加样：用加样器分别加入待测样品和阴性对照、阳性对照各 50μL 于相应孔中，另设空白对照(加洗涤液 50μL)。

(4) 加酶：除空白对照外每孔加入酶联试剂 50μL(1 滴)，混匀。

(5) 每孔加入中和试剂(HBcAg)50μL(1 滴)混匀。

(6) 温育：置 37℃温育 30min。

(7) 洗涤：用洗涤液加满各孔，静置 5s，甩干，重复 5 次后拍干。

(8) 显色：每孔加显色剂 A、B 各 1 滴，混匀，37℃温育 15min。

【注意事项】

(1) 试剂盒应于 4℃存放，在有效期内使用。

(2) 微孔条须密封防潮，从冷藏环境中取出时，应在室温中平衡至潮气尽干后方可开封启用，余者及时封存。

(3) 滴加试剂前应将瓶摇匀，使液体混匀。滴加时瓶身应保持垂直，以使滴量准确，注意勿将试剂滴在孔壁上。

(4) 洗涤时各孔均须加满，防止孔口内有游离酶未能洗净。

(5) 待测标本不可用 NaN_3 防腐。所有样品都应按传染源处理。

【思考题】

(1) 各种实验方法设置对照的目的和意义是什么?

(2) 夹心法、竞争法若洗板不充分，分别可能会导致什么情况?

实验六　SPA-ELISA 测定伤寒杆菌“O”抗原

【实验目的】

(1) 掌握 SPA-ELISA 的原理，学习测定伤寒杆菌“O”抗原的方法。

(2) 熟悉 SPA 的用途。

【实验原理】

葡萄球菌蛋白 A(staphylococal protein A，SPA)能与人及某些哺乳动物的 IgG 分子上的 Fc 片段结合，一分子 SPA 可以同两个 IgG 分子以化学共价键结合(称为假免疫反应，在极短的时间内发生的结合)，结合后并不影响 Fc 片段的活性。因此，可以 SPA 代替 IgG 抗体应用于 ELISA 中。常用 SPA 与 HRP 交联而成 SPA-HRP 结合物，用于抗原或抗体的定量测定、免疫复合物的检测及组织切片中抗原或抗体的定位检测等。

本实验以 SPA-ELISA 测定伤寒杆菌“O”抗原为例来介绍。先将抗原包被于固相载体中，洗涤加待测血清，洗涤加酶标记 SPA，洗涤加酶的底物，经酶的催化产生有色产物。

【实验材料】

(1) 抗原：伤寒杆菌 O901 煮沸或超声波粉碎抗原。

(2) 待测血清，冻干酶联葡萄球菌 A 蛋白(SPA-HRP)。

(3) 包被液、洗涤液、稀释液、邻苯二胺(OPD)底物使用液及仪器等同前。

【实验方法】

(1) 包被抗原：于聚苯乙烯反应板每孔内加用包被缓冲液稀释(蛋白含量 10μg/mL)的伤寒抗原 100μL，置 37℃ 1h。

(2) 洗涤：弃孔内溶液，加满洗涤液浸泡 3min 后甩干，反复洗涤 3 次。

(3) 加待测血清：于每孔内分别加不同稀释度的待测血清、PBS 空白对照、阴性及阳性对照血清各 100μL，各设 2 个复孔。置 37℃ 30min；洗涤 3 次。

(4) 加 HRP－SPA：于每孔加酶联 A 蛋白各 100μL，置 37℃ 20min；洗涤 3 次。

(5) 加底物使用溶液：每孔各加 100μL，置暗处 15min。

(6) 加终止液 1 滴终止反应。

【实验结果】

(1) 肉眼判断：颜色与阴性对照相同为阴性，较深则为阳性。

(2) 酶标仪测定：以空白对照孔调零，标准阳性样品校正至某一规定值，测定待测孔，当待测孔 OD_{492} 值或计算值达某一规定阈值时，判为阳性。

【注意事项】

(1) SPA－ELISA 敏感性极高，可通过纯化抗原或抗体、加标记物后缩短孵育时间到0.5h，以排除非特异性显色。

(2) 检测血清抗体时，需事先检测正常血清效价水平，在检测待检标本时，减去正常血清效价。

(3) NaN_3对 SPA 显色影响较大，不宜加 NaN_3防腐；组织细胞培养固定时，不宜用甲醛固定，需采用甲醇或乙醇。

第二节　免疫荧光技术

免疫荧光技术(immunoflourescence technique)又称免疫荧光抗体技术，是用荧光素标记一抗或二抗，检测特异性抗原或抗体的方法。免疫荧光技术有抗原抗体反应的特异性，也具有荧光的直观性和灵敏性。常用的荧光素有异硫氰酸荧光素(fluoresceinisothiocyanate，FITC)和藻红蛋白(phycoerythrin，PE)等，这些物质在激发光作用下可直接发出荧光。

实验一　直接免疫荧光法检测 B 淋巴细胞

【实验目的】

(1) 熟悉免疫荧光技术的基本原理和方法。

(2) 了解直接免疫荧光实验的基本过程及作用。

【实验原理】

直接免疫荧光法是荧光抗体技术最简单和基本的方法。滴加荧光标记抗体于有相应抗原的待检标本片上，经反应和洗涤后在荧光显微镜下观察，可见有荧光的抗原抗体复合物(图 6-4)。方法简单特异，缺点是检查每种抗原均需制备相应的特异性荧光抗体，且敏感性低于间接法。

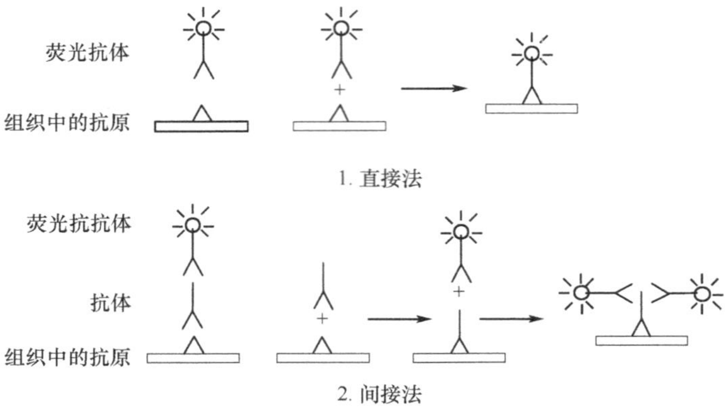

图 6-4　免疫荧光法示意图

用直接免疫荧光法检查 SmIg 来鉴定 B 淋巴细胞。B 淋巴细胞膜表面携带有膜表面免疫球蛋白(surface membrane immunoglobulin，SmIg)，是 B 细胞的特异性表面标志和抗原识别受体，能与相应抗体结合。在一定条件下，荧光素标记的抗 Ig 抗体与淋巴细胞混合，标记抗 Ig 抗体则与 B 细胞膜表面的 SmIg 结合，荧光显微镜下细胞膜呈现荧光的即为 SmIg

阳性细胞。B 细胞膜表面携带有不同类型的 SmIg，若用单价抗 Ig 抗体染色，可鉴定出带不同 SmIg 的 B 淋巴细胞。

【实验材料】

(1) 健康小鼠。

(2) 异硫氰酸荧光素(FITC)标记的兔抗小鼠 Ig 抗体。

(3) pH7.2 PBS 液(含 0.1% NaN_3)。

(4) 载玻片、盖玻片、筛网、平皿、试管、吸管、移液管、台式离心机、荧光显微镜、计数器等。

【实验方法】

(1) 脾淋巴细胞悬液的制备：颈椎脱臼法处死小鼠，解剖取出脾脏，置于盛有 6mL PBS 液的平皿中，筛网研磨，过滤混匀悬液。从中吸取 1mL 细胞悬液放入试管中，加 PBS 液洗涤细胞 2 次，1000r/min 离心 10min。弃上清，沉积的细胞恢复 1mL 容积，即为大约 1×10^7 个/mL 的细胞悬液。另取一支试管，吸取 1×10^7 个/mL 的细胞悬液 0.4mL，加 PBS 液 3.6mL，即为 1×10^6 个/mL 的细胞悬液。

(2) 取 2mL 离心管两支，各加细胞悬液 1mL，2000r/min 离心 3min，弃上清。一支加入 FITC 标记的兔抗鼠 Ig 抗体 100μL，另一支不加抗体作对照，置 4℃冰箱 30min。

(3) 取出离心管，用 PBS 液洗涤细胞 2 次，每次 1000r/min 离心 5min，以去除游离的抗体，末次离心后弃大部分上清，混匀沉淀，滴加于载玻片上，盖上盖玻片，用荧光显微镜观察并计数荧光阳性细胞。

【实验结果】

紫外光源下荧光阳性细胞(SmIg 阳性细胞)呈现较强荧光，有清晰细胞轮廓，可见环状或斑点状或在细胞一侧有帽状结构。而呈现较弱、均匀一致暗淡荧光者为荧光阴性细胞。

计数时可先在紫外光源下计数 SmIg 阳性细胞，再用钨丝灯光源照明计数同一视野内淋巴细胞总数。每份标本共计数 200 个淋巴细胞，算出 SmIg 阳性细胞的百分数。

【注意事项】

(1) 荧光素标记抗体应 4℃冰箱内保存，避免反复冻融，使用前新鲜配制。

(2) 标本应避光保存(放暗湿盒内)以防长时间光照使荧光猝灭。

(3) 荧光染色后一般在 1h 内完成观察，时间过长会使荧光减弱；观察时间不宜过长，当荧光变弱后可转动新视野或重新滴片继续观察。

(4) 紫外光源于用前 30min 接通预热，短时间间歇勿关闭光源，一旦关闭紫外光源，需 1~2h 才可重新接通使用。

(5) 普通玻璃载、盖玻片或镜油及试剂中杂质往往可造成反光极强的非特异荧光，应注意鉴别，本实验应尽量用无荧光玻片及镜油。

实验二　间接免疫荧光法检测 T 淋巴细胞

【实验目的】

了解间接免疫荧光实验的基本过程及作用。

【实验原理】

间接免疫荧光法是用荧光素标记的二抗来检测 Ag 或 Ab 的技术。即抗原首先与一抗结合，然后一抗再与荧光素标记的抗球蛋白抗体(抗抗体，二抗)结合，形成抗原-抗体-荧光素标记抗抗体的复合物，在荧光显微镜显示特异荧光。其敏感性高于直接法，而且只需制备一种荧光素标记的抗球蛋白抗体，就可用于检测同种动物的多种抗原抗体系统。亦可用荧光素标记葡萄球菌 A 蛋白，代替标记抗球蛋白抗体用于间接荧光法，且不受第一抗体来源的种属限制，但敏感性低于标记抗抗体法(图 6-4)。

间接免疫荧光法应用范围广泛，如 B 细胞、T 细胞及其亚群及 NK 细胞的计数及表面标记的测定等。活细胞表面保留有较完整的抗原或受体，先用特异性鼠源性单克隆抗体与细胞表面相应抗原结合，再与荧光标记的第二抗体结合，根据所测定的荧光强度和阳性百分率即可知相应抗原的密度和分布。T 淋巴细胞是不均一的细胞群体，根据其表面某些 CD 分子的表达情况，可将其分为不同亚群。如 CD3 分子是所有 T 淋巴细胞具有的表面标志，CD4 分子是 TH 的重要标志，CD8 分子则是 T_C 细胞的重要标志。用单克隆抗体以间接免疫荧光法可检测 T 淋巴细胞的不同亚群。

【实验材料】

(1) 一抗：小鼠抗人 CD3、CD4 和 CD8 的单克隆抗体。

(2) 二抗：FITC 标记的兔抗小鼠 IgG 抗体。

(3) pH7.2 PBS(含 5%胎牛血清)、肝素抗凝静脉血、淋巴细胞分离液等。

(4) 试管、毛细滴管、Eppendorf 管、离心机、荧光显微镜、计数器、微量加样器等。

【实验方法】

(1) PBMC 的分离与悬液的制备：葡聚糖-泛影葡胺分离法分离 PBMC。用毛细吸管吸出富含 PBMC 层，移入清洁试管中。加入 5 倍以上体积的 PBS 混匀，1500r/min 离心 10min，弃上清；将沉淀细胞用 PBS 液重悬，再洗涤 2 次，配成$(1\sim2)\times10^6$个/mL 细胞悬液。

(2) 取 Eppendorf 管四支并编号，分别加入淋巴细胞悬液 100μL，3000r/min 离心 10min，弃上清。

(3) 各管分别加入小鼠抗人 CD3、CD4 和 CD8 的单克隆抗体、PBS(对照)各 25μL。混匀，置 4℃冰箱 30min。

(4) 取出后用 PBS 洗涤 2 次，以去除游离的一抗。

(5) 每管加入 FITC 标记的兔抗小鼠 IgG 抗体 50μL，置 4℃冰箱避光作用 30min。

(6) 取出，PBS 洗涤细胞 3 次，以去除游离的抗体，末次离心后弃去大部分上清，留少许回流液，混匀，取 1 滴细胞悬液于载玻片，加盖玻片，用荧光显微镜观察。

【实验结果】

在荧光显微镜下，细胞膜呈现荧光的即为阳性细胞。共计数 200 个淋巴细胞，分别算出各 T 淋巴细胞亚群阳性细胞的百分数。

在 PBMC 中被 CD3 抗体染上荧光的细胞称为 $CD3^+$细胞即总 T 细胞。正常人在 PBMC 中 T 细胞占 70%~80%，$CD4^+$细胞和 $CD8^+$细胞之和应与 $CD3^+$细胞数一致。正常人 $CD4^+$细胞(40%~60%)与 $CD8^+$细胞(20%~30%)的比值为(1.5~2)：1。

【注意事项】

降低和防止非特异性荧光本底的方法：细胞活性要好；封闭某些细胞表面免疫球蛋白 Fc 受体，可加 5%的与标记二抗来源相同的同种血清、3%BSA 或脱脂奶粉封闭；充分洗涤，以避免游离抗体封闭二抗与细胞膜上一抗相结合，出现假阴性；缩短孵育时间；选用一些非荧光的色素物质如亚甲蓝、碱性复红或低浓度的过锰酸钾、碘溶液等对标本进行复染；

荧光标记物使用前应用滤膜或高速离心去除颗粒或沉渣以减少非特异性干扰。

间接免疫荧光法检测细胞内抗原时，在与一抗孵育前，需预先对细胞用非离子去污剂进行透化处理。

实验中每个检测最好设三组对照，与一抗同一种属、类型的无关抗体组，以检测染色的特异性；未加一抗的对照组，以检测二抗染色的背景；用已知阳性样品作为阳性对照组。

第三节　放射免疫测定技术

实验一　放射免疫技术检测胰岛素

【实验目的】

(1) 了解放射性同位素标记技术的原理。

(2) 了解同位素标记技术的特点、方法。

【实验原理】

放射免疫测定技术(radioimmunoassay，RIA)是将放射性同位素的高灵敏性与抗原抗体结合的特异性结合，从而测出抗原或抗体的含量。本实验介绍的放射免疫分析是最经典的放射免疫技术，其基本原理是使标记抗原与待检非标记抗原竞争与抗体结合，待检抗原浓度越高，结合抗体的标记抗原就越少，测定抗原抗体复合物时的放射强度就越低。RIA 常用于微量抗原，如激素、神经介质及药物的检测。由于是微量的抗原抗体反应，为沉淀其免疫复合物，通常要加第二抗体及聚乙二醇(PEG)。

【实验材料】

(1) 胰岛素标准品(浓度为 2.5 μ L/mL、5 μ L/mL、10 μ L/mL、20 μ L/mL、40 μ L/mL、80μL /mL、160 μ L/mL、320 μ L/mL)。

(2) 豚鼠抗胰岛素血清。

(3) 羊抗豚鼠血清。

(4) ^{125}I 标记胰岛素(10 000~15 000 cpm/1000U)。

(5) 30% PEG。

(6) 待检血清。

(7) 健康人混合血清。

(8) 加样器、γ 计数仪、塑料试管、坐标纸等。

【实验方法】

(1) 取塑料试管编号，按表 6-1 加样，每个样品设 2~3 个平行管。

(2) 室温作用 10min，3000r/min 离心 15min，弃上清，测沉淀物放射强度(cpm 值)。

表 6-1　胰岛素测定加样程序 (单位：μL)

	非特异结合管	零标准管	标准管	样品空白管	样品管
PBS	400	300	200	300	200
胰岛素标准液	—	—	100	—	—
待测血清样	—	—	—	—	100
正常人混合血清	—	—	—	100	—
豚鼠抗胰岛素血清	—	100	100	—	100

续表

	非特异结合管	零标准管	标准管	样品空白管	样品管
^{125}I 胰岛素	100	100	100	100	100
4℃作用 24h					
羊抗豚鼠 Ig	100	100	100	100	100
37℃作用 1h					
30%PEG	100	100	100	100	100

【实验结果】

(1) 标准曲线绘制：B(结合物 cpm) = 标准管 cpm – 非特异结合管 cpm，B_O(零标准管结合物 cpm) = 零标准管 cpm，非特异结合管 cpm，以 B / B_O%为纵坐标，各标准管浓度为横坐标，绘制标准曲线(图 6-5)。

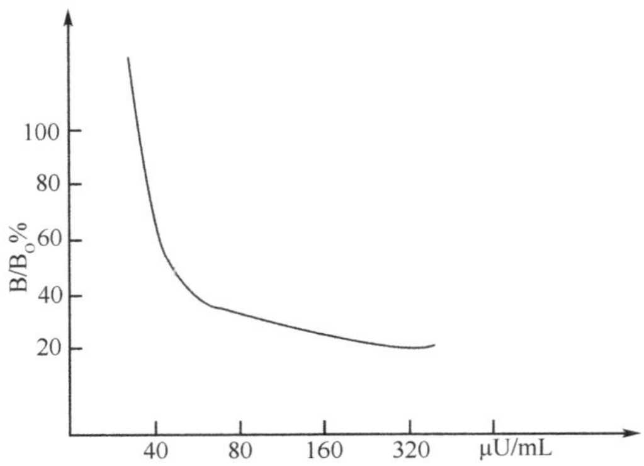

图 6-5　胰岛素测定标准曲线

(2) 以上述同样方式求出各样品管的 B / B_O%，从标准曲线上查出相应胰岛素浓度(μU / mL)。

正常值：健康成年人空腹血清胰岛素水平为 5~15μU / mL。

【注意事项】

(1) RIA 敏感性高，但也容易造成误差，因此应注意在各个环节上控制误差，如加样的准确性，弃上清时手法应一致。

(2) 应严格避免放射性同位素污染，如发生污染及时报告有关负责人，操作过程中也应注意自身防护。

【思考题】

(1) 放射免疫测定技术的优、缺点有哪些?

(2) 同位素的辐射对人体有哪些危害?

第四节　免疫胶体金技术

免疫胶体金技术(immune colloidal gold technique) 是以胶体金作为示踪标志物应用于抗原抗体的一种新型的免疫标记技术。胶体金是由氯金酸($HAuCl_4$)在还原剂如白磷、抗坏血酸、枸橼酸钠、鞣酸等作用下，聚合成为特定大小的金颗粒，并由于静电作用成为一种稳定的胶体状态，称为胶体金。胶体金在弱碱环境下带负电荷，可与蛋白质分子的正电荷基团形成牢固地结合，由于这种结合是静电结合，所以不影响蛋白质的生物特性。 胶体金除了与蛋白质结合以外，还可以与许多其他生物大分子结合，如 SPA、PHA、ConA 等。根据胶体金的一些物理性状，如高电子密度、颗粒大小、形状及颜色反应，加上结合物的免疫和生物学特性，因而使胶体金广泛地应用于免疫学、组织学、病理学和细胞生物学等领域。

免疫金标记技术(immunogold labelling techique) 主要利用了金颗粒具有高电子密度的特性，在金标记蛋白结合处，在显微镜下可见黑褐色颗粒，当这些标记物在相应的配体处大量聚集时，肉眼可见红色或粉红色斑点，因而用于定性或半定量的快速免疫检测方法中，这一反应也可以通过银颗粒的沉积被放大，称为免疫金银染色(IGSS)。此技术敏感、特异、简便，不需使用放射性同位素或有潜在致癌性的酶显色底物，不需荧光显微镜，广泛地应用于流式细胞术及各种免疫组化法中。下面介绍胶体金、胶体金标记蛋白的制备和几种胶体金固相免疫测定法。

实验一　胶体金免疫层析法检测人 HCG

【实验目的】

(1) 掌握胶体金免疫层析法的原理和观察结果的方法。

(2) 了解胶体金标记法的应用。

【实验原理】

胶体金免疫层析法(immunochromatography)是根据层析原理，将胶体金标记的抗原或抗体固定在层析用固相支持物上，通过层析作用，使抗原与抗体专一性结合。通过胶体金聚集产生的颜色变化作为判断结果的依据。

人绒毛膜促性腺激素(HCG)是受孕妇女体内产生的一种糖蛋白类激素。早早孕 HCG 胶体金试纸条是胶体金免疫层析法的具体应用。测试时，试纸条下端插入尿样。试纸条自下而上黏附有吸水材料、金标抗体干片(金标小鼠抗 α -HCG 单克隆抗体)、固相 NC 膜支持物和吸水材料。NC 膜条自下而上有测试区(包被有小鼠抗 α -HCG 单克隆抗体)和质控区(包被有抗小鼠 IgG 抗体)两个反应区。当检测阳性尿样时，尿样中的 HCG 首先与试纸条上平铺的金标抗体结合，随着尿样的展开，被测试区的固相抗体捕获，显现红色检测线。剩余金标抗体继续展开，在质控区抗原(金标抗体为小鼠 IgG)抗体(抗小鼠 IgG 抗体)结合，胶体金聚集而显现紫红色质控线。阴性尿样中没有 HCG 与金标抗体结合，金标抗体不会在测试区被固相抗体捕获而富集，不出现红色检测线，仅在质控区胶体金聚集显现紫红色质控线。

【实验材料】

(1) 早早孕 HCG 胶体金试纸、待检尿液。

(2) 冰箱、时钟、小烧杯等。

【实验方法】

将试纸条标“MAX”一端浸入任何随意尿样中，插入深度请勿超过“MAX”标志线。3s 后取出平放试纸条，1~3min 内观察结果，最长不超过 5min。

【实验结果】

阳性尿样双红线，阴性尿样单红线。无红线出现示实验失败或测试条失效。

实验二　Dot-IGS/IGSS 检测牛结核血清抗体

【实验目的】

(1) 掌握斑点免疫金银染色法的原理。

(2) 了解斑点免疫金银染色法的操作方法及观察结果的方法。

【实验原理】

斑点免疫金银染色法(Dot-IGS/IGSS)是将斑点 ELISA 与免疫胶体金结合起来的一种方

法。将抗原直接点样在硝酸纤维(NC)膜上，与特异性抗体反应后，再滴加胶体金标记的二抗，在抗原抗体反应处发生金颗粒聚集，形成肉眼可见的红色斑点，此称为斑点免疫金染色法(Dot-IGS)。此反应可通过银显影液增强，即斑点免疫银染色法(Dot-IGSS)。

免疫银染色法(IGSS)：最终显色是靠金属银的吸附沉积。先用胶体金标记物做免疫金染色，银显影液中银离子靠电荷吸引，大量吸附于金颗粒周围，使显色结果呈现金属银的蓝灰色，同时将显色信号进一步放大。IGSS 的灵敏度在于胶体金吸附银颗粒的数量，不仅节省大量的抗体/抗原标记物，而且节省大量的胶体金(将胶体金标记物稀释几十倍，可获得同 IGS 一样的最佳效果)，小直径的胶体金比大颗粒胶体金能吸附更多的银离子，且更为稳定。

【实验材料】

(1) 抗甲胎蛋白(抗 AFP)。

(2) 血清：待检血清、标准甲胎蛋白血清和甲胎蛋白阴性血清。

(3) NC 膜(孔径 0.45μm)、优质氯化金、0.02mol/L PBS、TBS、0.1mol/L K_2CO_3、1% PEG、枸橼酸缓冲液、硝酸银显影液(现用现配)、定影液。

(4) 精密 pH 试纸、离心机、电磁搅拌器、除菌滤膜、微量加样器、打孔器等。

【实验方法】

(1) 胶体金的制备。

(2) 胶体金与抗 AFP 用量比例的确定(详见实验二)：每毫升胶体金所需的最低标记蛋白量是 30μg，根据试剂用量增加 20%。

(3) 胶体金标记抗 AFP 的制备。用 0.1mol/L K_2CO_3 将所需量的抗 AFP 和胶体金溶液的 pH 调至 9.0。在磁力搅拌下，将抗 AFP 逐滴加入 20mL 胶体金溶液中，继续搅拌 10min，加入 3.5mL 1% PEG 使最终浓度达到 0.05%，再搅拌 15min，置 4℃冰箱保存。

(4) 胶体金标记抗 AFP 的纯化。将胶体金标记的抗 AFP 以 2000r/min 离心 15min，以除去胶体金的聚合物，取上清以 6500r/min 离心 1h，可见离心物分为三层，收集中层液，用 PB 液重悬为原体积的 1/10，过滤除菌分装，4℃保存。

(5) 胶体金标记抗 AFP 的鉴定(颗粒大小、均匀度及活性鉴定)。

(6) 正式实验程序

点样：以打孔器将 NC 制成直径 3mm 的膜片。将抗 AFP 用 0.02mol/L pH9.0 PBS 稀释为 40μg/mL，于膜片中央加 1μL 抗原，37℃烘干 10min。

封闭：将点样后的 NC 膜片浸入 TBS(含 5% BSA、0.05% NaN_3)中，37℃作用 45min，其间振荡数次，以封闭未饱和的蛋白质结合位点。取出，以含 0.1% BSA 的 PBST 洗涤 3 次，每次 5min，用滤纸吸干。

加待检血清(AFP)：待检血清以 PBST 液做 1∶160 倍稀释。将膜片浸入其中，37℃作用 1h，其间振荡数次。取出，以 PBST 液洗涤，滤纸吸干。同时设标准阳性血清和阴性血清对照。

加胶体金标记抗体(胶体金标记抗 AFP)：胶体金标记抗体用含 0.1% BSA 的 PBST 适当稀释，将膜片浸入其中，中间振荡数次。反应时间视胶体金标记抗体的稀释度而定。

取出，洗涤 3 次，每次 3min。即可观察结果。此过程为 Dot-IGS。

斑点免疫银染色法(即 Dot-IGSS)：将已行 Dot-IGS 的 NC 膜片先用 PBST 洗涤 3 次，再用蒸馏水洗涤 2 次，去除 Cl^-；浸入 0.2mol/L pH3.5 的枸橼酸缓冲液内 2min。将膜片浸入暗室中的银显影液中，室温作用 5~10min，再移入定影液中，室温定影 5min。用去离子水洗涤 3 次，自然干燥，观察结果。

【实验结果】

(1) Dot-IGS：在 NC 膜上呈粉红色。

(2) Dot-IGSS：在 NC 膜上呈棕黑色，出现“++”以上判为阳性结果，否则判为阴性。

+ + +~+ + + + : 棕黑色斑点，着色深，均匀一致，与背景反差大。

+ + : 着色较深，但背景色也较深。

+ : 着色淡，但有背景色。

− : 没有着色，或与背景色没有反差。

(李平飞)

第七章　细胞因子的检测

细胞因子(cytokine，CK)是一类具有多功能的高活性小分子蛋白质，由活化的免疫细胞或非免疫细胞分泌，在免疫细胞分化发育、免疫应答、免疫调节、炎症反应、造血功能中发挥重要作用，并广泛参与机体其他生理功能和某些病理过程发生、发展。近年来，用一些重组细胞因子治疗肿瘤、自身免疫性疾病及免疫缺陷病等，已经显示出了其广泛的临床应用前景。

第一节　细胞因子检测方法概述

细胞因子在免疫应答的调节和效应中发挥重要的作用，其在体内水平的高低直接反应机体的免疫状况及与各种疾病的关系，因而细胞因子的检测无论是对免疫学、分子生物学的基础研究，还是阐明某些疾病的发病机制及指导临床治疗均有重大的意义。

细胞因子的检测方法主要分为免疫学检测法、生物学活性检测法及分子生物学检测法。

一、免疫学检测法

免疫学检测法是检测细胞因子蛋白质的抗原特性，其基本原理是细胞因子与其特异性的抗体结合，通过酶标等技术放大或显示，从而定性或定量细胞因子的水平。免疫学检测法多采用酶联免疫斑点法(ELISPOT)、ELISA 法、RIA 法和免疫印迹法。

二、生物学活性检测法

生物学活性检测是根据某些细胞因子特定的生物学效应，应用相应的指示系统和标准品来反映待测标本中某些细胞因子的活性水平，通常用活性单位表示。如依据细胞因子对特定的依赖性细胞的促增殖作用，以增殖细胞中的 DNA 的合成或酶活性为指标，间接推算出细胞因子的活性单位，用于对 IL-1、IL-2 等的测定；也可依据细胞因子对特定靶细胞的杀伤小样或病毒的抑制作用进行测定，用于对肿瘤坏死因子及干扰素活性的测定。

三、生物分子学检测法

生物分子学检测主要通过检测细胞内细胞因子的基因组成或是 mRNA 的量进而推算出细胞因子的含量。目前采用的技术主要有各种印迹法、斑点杂交、原位杂交和 PCR 等。

第二节　常见细胞因子的检测

实验一　IL–1 生物学活性检测

白细胞介素-1(IL-1)是一种重要的细胞因子，产生 IL-1 的细胞种类很多，其中最主要的是单核/巨噬细胞。IL-1 具有活化淋巴细胞、协同刺激胸腺淋巴细胞增殖、参与抗体产生和参与抗炎反应等多种生物学功能。目前对 IL-1 产生水平的生物学活性测定主要包括小鼠胸腺细胞增殖法、D10G4. 1 细胞增殖法及 L929 细胞增殖法等，本实验主要采用小鼠胸腺细胞增殖法。

【实验目的】

熟悉并掌握 IL-1 的生物学作用、检测原理及方法。

【实验原理】

小鼠胸腺细胞在丝裂原 ConA 的刺激下表达 IL-1 受体，在 IL-1 同时存在的条件下，IL-1 可协同丝裂原促进 T 细胞增殖。依据加入 IL-1 后 T 细胞增殖水平(^{3}H-TdR 掺入法)的增加可以推算出 IL-1 的生物学活性，通过测定 IL-1 的生物学活性，可以了解单核/巨噬细胞等的功能。

【实验材料】

(1) 10% FCS-RPMI 1640 培养液、10% FCS-IMDM 培养液、LPS、Hank's 洗涤液、刀豆 A(conA)、^{3}H-TdR。

(2) C57BL 小鼠(6~8 周龄)。

(3) 96 孔细胞培养板、多头细胞收集器、微量加样器、CO_2 培养箱、EP 管。

【实验方法】

1. 小鼠巨噬细胞产生 IL-1 的诱导

(1) 常规收集小鼠腹腔巨噬细胞 10% FCS-RPMI 1640 培养液悬浮细胞 2×10^6 个/mL，平铺于 24 孔培养板，每孔 0.5mL。

(2) 每孔加 LPS 0.15mL，37℃，5% CO_2 培养 36~48h。

(3) 离心(12 000r/min，15min)收集培养液上清中的 IL-1，转移入新的 1. 5mL EP 管中，−20℃冻存。

2. IL-1 的生物活性检测

(1) 胸腺细胞的制备：颈椎脱位处死小鼠，无菌的条件下取胸腺于平皿中，加入 5mL 10% FCS-IMDM 培养液，制成单个细胞悬浮液；1500r/min 离心 10min，再用 Hank's 液洗涤细胞 2 次，重悬于 5mL 10% FCS-IMDM 培养液中，调节细胞浓度为 1.0×10^7 个/mL。

(2) 加样：取胸腺细胞加入 96 孔细胞培养板，每孔 0.1mL。再加入 IL-1 待测样品或标准品，每孔 50μL，实验孔再加入 50μL ConA，同时设实验对照孔(0.1mL 细胞+0.1mL 培养液)、ConA 对照(0.1mL 细胞+50μL ConA+50μL 培养液)，均设 3 复孔。37℃，5% CO_2 培养 36~60h。

(3) ^{3}H-TdR 参入：每孔加 ^{3}H-TdR 0. 5μCi，继续孵育 8h。

(4) 测定：多孔细胞收集器收集细胞于玻璃纤维滤纸上，烤干，加入适量闪烁液，于液闪仪上测定 β 计数。

【实验结果】

掺入量(cpm)以净 cpm 值(实验孔−ConA 对照孔)为纵坐标，对应的不同稀释浓度 IL-1 标准品为横坐标，在半对数图纸上绘出标准曲线，再从标准曲线上查出待测样品中 IL-1 的含量。

【实验计算】

可以直接从绘制的标准曲线上查出 IL-1 的活性，或是用刺激指数(SI)表示。

SI=实验组 cpm/对照组 cpm × 100%

【注意事项】

(1) 吸取 LPS 刺激的小鼠巨噬细胞培养上清时必须离心，以除去细胞碎片或细胞。

(2) 不同周龄的小鼠胸腺细胞对 ConA 反应不一，一般选择 6~8 周龄，小于 5 周龄或是大于 10 周龄小鼠胸腺细胞对 ConA 反应不稳定。

(3) ConA 促丝裂原作用要进行预实验，以免 ConA 过量，不能有效反应 IL-1 的刺激活性。

实验二　IL-2 生物学活性检测

白细胞介素-2(IL-2)主要是活化的 Th 细胞产生的细胞因子，其产生的水平可反应 T 细胞的功能，同时在淋巴细胞增殖分化过程中起到非常重要的作用。目前重组的 IL-2 已用于临床的治疗，并可作为免疫佐剂与亚单位疫苗联合使用，以提高机体保护性免疫应答水平。

【实验目的】

熟悉细胞因子生物学活性检测的原理和方法。

【实验原理】

细胞在增殖时能量代谢活跃，以产生大量的能量用于生物大分子的合成及细胞分裂所需，能量代谢水平与细胞合成 DNA 水平基本平行。检测 IL-2 生物活性的指示细胞有 IL-2 依赖株 CTLL-2 和丝裂原活化的 T 淋巴母细胞。CTLL-2 是 C57BL/6 小鼠杀伤性 T 淋巴细胞细胞系，只有在 IL-2 存在的培养基中才能生长。IL-2 对静止 T 细胞作用较弱。胸腺细胞和 T 细胞经抗原或丝裂原的刺激活化后，在有 IL-2 存在的条件下进入 S 期，维持细胞的增殖。将 IL-2 依赖的指示细胞与待检样品一起孵育，如果细胞得以生存，表明待检样品中含有 IL-2，根据细胞生长的程度可定量检测 IL-2。检测方法主要有 ^{3}H-TdR 掺入法和 MTT 法，前者反映细胞增殖时的 DNA 合成，后者则反映其能量代谢。

【实验材料】

(1) IL-2 依赖的 CTLL-2 株、10% FCS-RPMI1640。

(2) IL-2 待测样品、IL-2 标准品(已标定 IL-2 活性单位)。

(3) ^{3}H-TdR、闪烁液、MTT(5mg/mL)、二甲亚砜(DMSO)、酸性异丙醇。

(4) 96 孔平底培养板、CO_2恒温培养箱、细胞收集仪、玻璃纤维纸、液闪瓶、β 液体闪烁计数仪、微量加样枪、酶标仪及滤光片等。

(一) MTT 法

【实验方法】

四甲基偶氮唑盐(MTT)可作为线粒体中琥珀酸脱氢酶的底物。活细胞线粒体中的琥珀酸脱氢酶可将淡黄色的 MTT 还原成蓝紫色难溶的甲瓒结晶(formazan)，结晶的量与活细胞数(细胞增殖程度)呈正相关，将其溶解，酶标仪测定 OD 值即可反映活细胞的数量和活性，从而推知待检样品中 IL-2 的水平。MTT 比色法的敏感性接近 ^{3}H-TdR 同位素掺入法，且经济方便，常用于评价各种刺激物、细胞毒药物或细胞因子等对细胞增殖的影响程度。

(1) IL-2 依赖的 CTLL-2 株用 10% FCS-RPMI1640 洗涤 2 次，每次 1000r/min 离心 5min，除去原培养液中的 IL-2。用台盼蓝染色计数活细胞数(应在 95%以上)，并用培养液调整细胞浓度为 1×10^5 个/mL。

(2) 96 孔平底培养板中每孔分别加 100μL 不同稀释度的 IL-2 标准品和 IL-2 待测样品，各设 3 个重复孔，同时设培养液对照。

(3) 每孔加 100μL CTLL-2 悬液(1×10^4 个/孔)。

(4) 置 CO_2 恒温培养箱中，37℃培养 18~24h。

(5) 每孔加 10μL MTT，CO_2 恒温培养箱 37℃孵育 4h。

(6) 轻轻吸出 150μL 上清，加入 150μL DMSO 或酸性异丙醇溶解 10~20min，期间用加样枪反复吹吸，使蓝紫色结晶完全溶解。

(7) 用酶标仪以 570nm 波长、参考波长 630nm 下测定各孔吸光值(OD 值)。测定要于加入酸性异丙醇后 1h 内完成。

【实验结果】

(1) 每孔 OD 值应为 OD_{570nm}- OD_{630nm}- 培养液对照 OD 值，最终每孔 OD 值为 3 个复孔的中间值。

(2) 绘制 IL-2 标准品和待测样品两条回归曲线(图 7-1)。

以不同稀释度 IL-2 标准品和待测样品的 OD 值为纵坐标，Log_2 稀释倍数为横坐标，绘制曲线。从标准品 50%最高 OD 值处画一横线，根据其与标准品和待检样品计数斜线的交点,可求出 IL-2 标准品组中反应细胞最高增殖数 50%时的稀释倍数及待测样品相应的稀释度，两个稀释度倒数之比，乘以 IL-2 标准品的活性单位，即可计算出待检样品 IL-2 的活性单位。

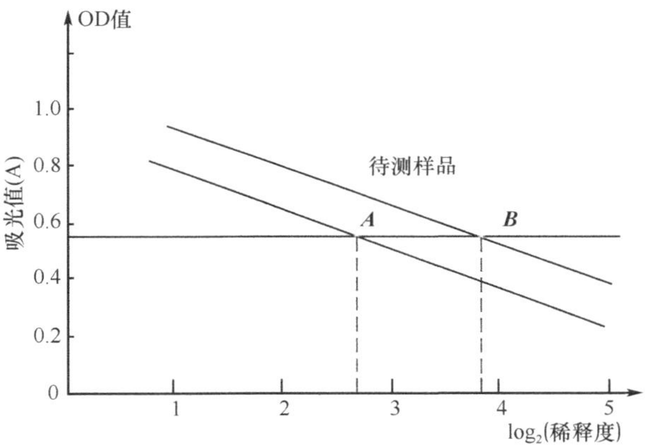

图 7-1　IL-2 标准品和待测样品两条回归曲线

【实验计算】

计算公式 $x=\dfrac{d}{D}\times\alpha$ 。x:待测样品 IL-2 活性单位(U/mL)；α :标准品 IL-2 活性单位(U/mL)；d：待测样品达 50%最大增殖的稀释度；D：标准品达 50%最大增殖的稀释度。

（二）^{3}H-TdR 掺入法

【实验方法】

(1)~(4) 同上。

(5) 每孔加 ^{3}H-TdR 0. 5μCi/50μL，4~6h。

(6) 用细胞收集仪收获于玻璃纤维纸上。干燥后移入液闪瓶中，加入 1mL 闪烁液，用

β液体闪仪测参入 DNA 的 ^{3}H-TdR 的 cpm 值。

【实验结果】

(1) 每孔 cpm 值应为 3 个复孔的平均值-培养液对照 3 个复孔的平均值。

(2) 绘制 IL-2 标准品和待测样品的回归曲线。

以不同稀释度 IL-2 标准品和待测样品的 cpm 值为纵坐标，Log_2稀释倍数为横坐标，绘制曲线。从标准品 50%最高 cpm 值处画一横线，根据其与标准品和待检样品计数斜线的交点，可求出 IL-2 标准品组中反应细胞最高增殖数 50%时的稀释倍数及待测样品相应的稀释度，两个稀释度倒数之比，乘以 IL-2 标准品的活性单位，即可计算出待检样品 IL-2 的活性单位。

【实验计算】

计算公式为

$$\text{IL-2活性}(\text{U/mL})=\frac{\text{待测样品cpm最大值的50\%所需稀释度}}{\text{标准品cpm最大值的50\%所需稀释度}}\times\text{标准品IL-2活性}(\text{U/mL})$$

【注意事项】

(1) MTT 要现配现用，避免光照，若有蓝色颗粒出现应过滤后使用。

(2) CTLL 细胞洗涤要充分，动作轻柔，否则影响细胞增殖。

(3) 加标准品和待测样品时应从低浓度依次序加。

(4) 加入 ^{3}H-TdR 最适时机是阴性对照细胞开始全部死亡时。

(5) 整个操作过程应无菌，若污染细菌，则在加入 MTT 试剂后整个孔呈深紫色。

(6) 避免同位素污染，MTT 为致癌物，应戴手套操作。

实验三　IL-8 生物活性检测

IL-8 是由 Th1 细胞分泌的细胞因子，是趋化性细胞因子，主要介导细胞毒和局部炎症有关的免疫应答辅助抗体的生成，参与细胞免疫及迟发型超敏型炎症的发生，主要生物学作用是趋化并激活中性粒细胞。

【实验目的】

熟悉 IL-8 的生物学功能及检测的原理方法。

【实验原理】

因 IL-8 对中性粒细胞具有趋化和激活作用，通过检测中性粒细胞的迁移距离可以确定 IL-8 的生物活性，即对中性粒细胞的趋化活性。

【实验器材】

(1) 6%右旋糖酐、生理盐水、淋巴细胞分层液、DMEM 培养液、2%琼脂糖、0.1%白明胶 Hank's 液、甲醇溶液。

(2) 洁净载玻片、直径 3mm 打孔器、24 孔细胞培养板、5%CO_2培养箱。

(3) Wright-Giemsa 染液、LPS。

【实验方法】

1. IL-8 的诱生

(1) 常规分离 PBMC，洗涤后，调细胞浓度为 5×10^{6} 个/mL。

(2) 将细胞接种于 24 孔细胞培养板，每孔 0.5mL。

(3) 加诱生剂 LPS，每孔 0.5mL，37℃，5% CO_2 培养箱中孵育 48h。

(4) 离心收集细胞培养上清，用盐酸调节 pH 为 4.0，分离后收集活性组分即为待测的 IL-8 样品。

2. IL-8 生物活性检测

(1) 琼脂平板的制备：取溶化后的 2%琼脂糖(50℃左右)与等体积的 DMEM 培养液(50℃预温)混合，取 3mL 加到洁净的载玻片上，铺成薄层，在室温条件下凝固；4℃继续凝固 30~60min，经打孔器打孔。

(2) 中性粒细胞制备：常规分离人外周血中性粒细胞。

(3) 加样：取 10μL 中性粒细胞悬液于琼脂板各组中心孔，分别取 10μL 待测样品和阳性对照品加入样品孔，取 10μL DMEM 培养液于对照孔；将玻片置于湿盒内，37℃温育 2h。

(4) 染色：用甲醇溶液固定 30min，用瑞氏染液染色并干燥。

【实验结果】

显微镜下分别测量细胞从中心孔向样品孔游走的距离(趋化游走距离)及向阳性对照孔游走的距离(自发游走距离)，趋化活性用趋化指数表示。

趋化指数=趋化游走距离/自发游走距离

【注意事项】

为确认待测样品中 IL-8 的特异趋化活性，最好同时比较抗 IL-8 抗体与待测样品作用后的趋化。

实验四　ELISPOT 检测 IFN-γ

IFN-γ是由 T 细胞和 NK 细胞产生、分子质量约 40kDa 的一种糖蛋白，具有较强的免疫调节和抗病毒作用。

【实验目的】

掌握用 ELISPOT 检测可溶性细胞因子的原理及其定量检测的方法。

【实验原理】

ELISPOT 是依据常规 ELISA 的基本原理建立的，在体外检测特异性抗体分泌细胞和细胞因子分泌细胞的技术。在 96 孔培养板底部覆盖 PVDF 薄膜，用来吸附特殊挑选且无毒性的人单克隆抗体，将细胞经适当处理后加入孔板中，当接受适当的抗原刺激后，细胞被活化，局部产生的细胞因子被单克隆抗体所捕获，被捕获的细胞因子被生物素(或荧光)标记的二抗所识别，并通过标记后的碱性磷酸酶放大，最后用底物(BCIP/NBT)来显色。有色的点显示出单个细胞产生的细胞因子，可以通过 ELISPOT 酶联斑点分析系统对斑点的分析得出结果。

【实验器材】

(1) 碱性磷酸酶、捕获抗体、底物 BCIP/NBT。

(2) PBS、70%乙醇、BSA、脱脂乳、洗涤缓冲液。

(3) 96 孔培养板、PVDF 薄膜、5%CO_2 培养箱、吸水纸、移液器。

【实验方法】

(1) 用 100μL 70%乙醇孵育 PVDF 孔板，室温下 20min。

(2) 弃去乙醇溶液，用 100μL PBS 洗涤 3 次。

(3) 将 100μL 捕获抗体加入 10mL PBS 中，混匀后每孔加入 100μL，盖上板盖，4℃孵育过夜。

(4) 弃去液体，用 100μL PBS 洗涤 1 次。

(5) 每孔加入 100μL 2%脱脂乳 PBS，盖上板盖，室温条件下孵育 2h。

(6) 在水槽边和吸水纸上轻打，弃去液体。

(7) 用 100μL PBS 洗涤 1 次。

(8) 每孔加入 100μL 细胞悬浮液，细胞预先在体外接受刺激。盖上板盖，37℃孵育箱中孵育 15~20h。此期间不要晃动或移动孔板。

(9) 重复步骤（6）。

(10) 每孔加入 100μL 洗涤缓冲液，4℃孵育 10min。

(11) 用 100μL 洗涤缓冲液洗涤 3 次。

(12) 于 10mL PBS 1%BSA 中稀释 100μL 检测抗体，此为一板的量。每孔加入 100μL 此液体，盖上板盖，37℃孵育 90min。

(13) 弃去液体，用 100μL 洗涤缓冲液洗涤 3 次。

(14) 每板以 10mL PBS 1% BSA 中稀释 10μL 的亲和素碱性磷酸酶。每孔加入 100μL 此液体，盖上板盖，37℃孵育 1h。

(15) 弃去液体，用 100μL 洗涤缓冲液洗涤 3 次。在吸水纸上拍打，吸干残留的洗涤液。

(16) 每孔加入 100μL BCIP/NBT。

(17) 室温条件下反应 5~15min，完全显色后，将此液倒入相应的盘中。

(18) 用蒸馏水充分洗涤膜的两边，吸水纸轻拍使膜干燥，一旦膜干燥后，读取点数。

【实验结果】

待膜干后，读取的点数就反映了细胞因子 IFN-γ 的水平。

【注意事项】

(1) 微孔板加样时不要接触孔底，以防损坏 PVDF 膜。

(2) 细胞培养过程中不要晃动培养箱或 ELISPOT 板。

(3) 实验完成后，吹干板的温度不要超过 37℃，以免 PVDF 膜破坏。

(4) 风干的微孔板应保存在密封的塑料袋中，避免直接暴露在空气和光线下。

(5) 实验应设阳性对照孔和阴性对照孔。

【思考题】

(1) 重要的细胞因子有哪些？

(2) 细胞因子有哪些作用？

(3) 细胞因子有哪些常用的检测方法？各方法的检测原理是什么？

（金　丽）

第八章 细胞凋亡的检测

细胞凋亡(apoptosis)是指生物体为维持内环境稳定，在特定的内源和外源信号诱导下，由多个基因控制的细胞自主地进行程序性的死亡；它涉及一系列基因的激活、表达调控等的作用，细胞凋亡不是自体损伤或生理病变的一种现象，而是为了更好地适应生存环境而主动争取的一种死亡过程。细胞凋亡是细胞的一种基本生物学现象，在多细胞生物去除不需要的或异常的细胞中起着必要的作用。它在生物体的进化、内环境的稳定及多个系统的发育中起着重要的作用。细胞凋亡不仅是一种特殊的细胞死亡类型，而且具有重要的生物学意义及复杂的分子生物学机制。虽然细胞凋亡与细胞坏死的最终结果是极为相似的，但它们的过程与表现却有很大差别。细胞坏死(cell necrosis)是指细胞受到强烈理化或生物因素作用引起细胞无序变化的死亡过程。表现为细胞胀大、细胞膜破裂、细胞内容物外溢、细胞核变化较慢、DNA 降解不充分、引起局部严重的炎症反应。但是细胞凋亡是细胞对环境的生理性、病理性刺激信号，环境条件的变化或缓和性损伤产生的应答有序变化的死亡过程。其细胞及组织的变化与坏死有明显的不同。

第一节 细胞凋亡的形态学研究方法

研究者根据凋亡细胞固有的形态特征，设计了很多不同的细胞凋亡形态学检测方法。使用显微镜可以直接观察动态的细胞结构的变化和凋亡现象，也可以利用一些染料对细胞进行染色后观察细胞凋亡的形态学特征。

实验一 光学显微镜观察

细胞凋亡时其形态发生明显的变化，如细胞体积缩小，细胞膜出现皱缩，细胞膜气泡化或类似出芽状态，以及众多的游离小囊泡样结构，即凋亡小体。如果是贴壁细胞，则发生脱落悬浮。因此，可借助倒置显微镜直接观察凋亡细胞，也可用吉姆萨染色、瑞氏染色等通过光学显微镜观察到凋亡细胞的染色质浓缩、边缘化，核膜裂解、染色质分割成块状和凋亡小体等典型的凋亡形态。

一、凋亡细胞直接观察

【实验目的】

熟悉光学显微镜下凋亡细胞的观察方法。

【实验材料】

(1) Jurkat 细胞。

(2) 地塞米松磷酸钠注射液。

(3) 含 10% FBS 的 RPMI1640 培养液。

(4) 主要设备：CO_2 培养箱、生物安全柜、倒置显微镜或正视显微镜。

【实验方法】

(1) 收集培养的 Jurkat 细胞，调细胞密度为 1×10^6 个/mL，备用。

(2) 于 24 孔板中加 Jurkat 细胞液 1mL，补加含 10% FBS 的 RPMI1640 培养液 1mL，加地塞米松，终浓度为 10μmol/L，于 37℃、5% CO_2 培养 20h。阴性对照孔不加地塞米松。

(3) 在倒置显微镜下直接观察细胞凋亡情况，也可以将细胞离心浓缩后滴到载玻片上，盖上盖玻片，静置 5min，在倒置显微镜或正视显微镜下观察细胞形态变化。

【实验结果】

在光学显微镜下观察到凋亡细胞的染色质浓缩、边缘化，核膜裂解、染色质分割成块状和凋亡小体等典型的凋亡形态。

【注意事项】

(1) 所用细胞生长状态要良好，否则自发凋亡细胞越多，越影响实验结果。如果细胞状态不太好，在使用前低速离心可去除死亡细胞、状态差的细胞、细胞碎片。

(2) 培养细胞的密度不要太大，否则影响在显微镜下观察。

(3) 在使用时，地塞米松作用浓度要根据具体情况灵活掌握。

(4) 可以利用 FasL、Fas 的功能性抗体。DR5 功能性抗体及顺铂、阿霉素等代替地塞米松，均能使 Jurkat 细胞出现典型的细胞凋亡特征。

二、瑞氏-吉姆萨染色法

【实验目的】

熟悉光学显微镜下凋亡细胞的观察方法。

【实验材料】

(1) Jurkat 细胞。

(2) 含 10% FBS 的 RPMI1640 培养液及无血清的 RPMI1640 培养液。

(3) 重组人可溶性 TRAIL(rhTRAIL)。

(4) PBS(137mmol/L NaCl、2.7mmol/L KCl、4.3mmol/L $Na_2HPO_4 \cdot 7H_2O$、1.4mmol/L KH_2PO_4)。

(5) 吉姆萨染料、瑞氏染料、甘油、乙醇及二甲苯等为分析纯级产品。

(6) 主要设备：CO_2 培养箱、生物安全柜、正视显微镜及离心机等。

(7) 试剂配制如下。

吉姆萨染液：称取吉姆萨染料 1. 0g，加入 60mL 甲醇，置 60℃磁力搅拌器上搅拌 2h，待染料彻底溶解后缓慢加入甘油 60mL，混匀后放入棕色瓶内密封保存，即为吉姆萨储存液。临用时取 1mL 吉姆萨储存液加入 9mL PBS 混合，即为吉姆萨工作液。

瑞氏染液：称取瑞氏染料 1. 0g，加入 200mL 甲醇，置 60℃磁力搅拌器上搅拌 2h，待染料彻底溶解后放入棕色瓶内密封保存，即为瑞氏储存液。临用时取 1mL 瑞氏储存液加入 9mL PBS 混合，即为瑞氏工作液。

【实验方法】

(1) 无血清组：用无血清的 RPMI1640 培养液调 Jurkat 细胞密度为 5×10^5 个/mL，培养 3 天。阳性对照组：200ng/mL rhTRAIL 处理细胞 4h。阴性对照组：含 10% FBS 的 RPMI1640 培养液培养细胞。

(2) 倒置显微镜观察细胞凋亡情况：细胞凋亡后，以 800×*g*，离心 10min，弃上清 100μL，余液重新悬浮后涂片，室温晾干。甲醇固定 1min、晾干。

(3) 以吉姆萨染色 8min，瑞氏染色 10min。用低压水流洗去浮色。经梯度脱水透明后，以中性树脂封片，在镜下观察细胞凋亡的形态学变化。

【实验结果】

在光学显微镜下观察到凋亡细胞的染色质浓缩、边缘化，核膜裂解、染色质分割成块状和凋亡小体等典型的凋亡形态。

【注意事项】

(1) 载玻片要用经过多聚赖氨酸等处理过的片子，避免细胞脱片。

(2) 配制染液要用分析纯的甲醇，以防劣质甲醇中的杂质影响染色效果。

(3) 染色时间因染液使用时间长短而有所变化，应根据染色效果确定最佳染色时间。

(4) 染液配制时间及使用时间影响染色效果。

实验二　荧光显微镜观察

一、Hoechst 33258 染色法

Hoechst 33258 为特异性 DNA 荧光染料，与 A-T 碱基结合，这种染料对死细胞或经 70% 冰乙醇固定的细胞可立即染色。而活细胞的着色是渐进性的，在 10min 内可达细胞内。Hoechst 33258 被激发光激发后可发出蓝色荧光。因此，被 Hoechst 33258 标记的凋亡细胞染色质细胞核荧光强度大，碎裂的细胞核呈现大小不一的荧光斑块；而未被作用的细胞则染色质疏松均匀，细胞核染色均匀，荧光相对较弱。

其他与 DNA 亲和的荧光染料也可以用于凋亡细胞形态学观察，如吖啶橙、碘化丙啶、溴化乙啶等。

【实验目的】

熟悉荧光显微镜下凋亡细胞的观察方法。

【实验材料】

(1) Jurkat 细胞。

(2) 含 10% FBS 的 RPMI1640 培养液。

(3) 放线菌素 D(Sigma 公司)。

(4) 20μg/mL Hoechst 33258 PBS 液。

(5) 主要设备：CO_2 培养箱、生物安全柜、荧光显微镜及离心机等。

【实验方法】

(1) 放线菌素 D 组：于 24 孔培养板中加 Jurkat 细胞液 1mL，补加含 10% FBS 的 RPMI1640 培养液 1mL，加入放线菌素 D，终浓度为 10μg/mL，37℃、5%CO_2 培养。阴性对照组：不加放线菌素 D。

(2) 细胞置 CO_2 培养箱中培养 6h，在倒置显微镜下直接观察细胞凋亡情况。细胞凋亡后，以 800×*g*，离心 10min，弃上清 100μL，余液重新悬浮后涂片，室温晾干。甲醇固定 1min，晾干。

(3) 细胞涂片用 PBS 浸泡 3min，滴加 Hoechst 33258 染液 3 滴，室温避光染色 10min，用

水洗涤 3 次，每次 3min。最后用 50%甘油封片，在荧光显微镜下观察细胞形态变化并拍照。

【实验结果】

放线菌素 D 可导致细胞凋亡。在荧光显微镜下，可观察到凋亡细胞因核固缩、染色质浓缩，荧光强度增强，碎裂的细胞核呈现大小不一的荧光斑块；而未被作用的细胞则染色质疏松、均匀，细胞核染色均匀，荧光相对较弱，细胞大小一致。

细胞凋亡过程中细胞核染色质的形态学改变分为三期：Ⅰ期的细胞核呈波纹状(rippled)或呈折缝样(creased)，部分染色质出现浓缩状态；Ⅱa 期细胞核的染色质高度凝聚、边缘化；Ⅱb 期的细胞核裂解为碎块，产生凋亡小体。

【注意事项】

(1) Hoechst 33258 为荧光染料，易猝灭。染色剂洗涤过程应尽量避光。在显微镜下观察时应尽量缩短观察时间。

(2) 如果有条件可以在封片剂中加荧光猝灭剂以延长荧光显示时间。

二、Annexin V-FITC 染色法

正常细胞膜上的磷脂分布是不对称的，即胆碱类磷脂(如磷脂酰胆碱、鞘磷脂)大多分布在膜外层，而磷脂酰丝氨酸(phosphatidyl serine，PS)及磷脂酰乙醇胺等则分布在膜内层。在细胞凋亡时，磷脂酰丝氨酸常常由细胞内转向细胞外，是细胞发生凋亡的早期标志。PS 可与 Annexin V 特异性结合。Annexin V 为 35~36kDa 的 Ca^{2+}依赖性磷脂结合蛋白，对 PS 具有极强的亲和性。可用 FITC、PE、Biotin 等荧光物质标记 Annexin V。因此，采用 Annexin V 这一敏感的探针可以检测暴露在凋亡细胞膜表面的 PS。

【实验目的】

熟悉荧光显微镜下凋亡细胞的观察方法。

【实验材料】

(1) Jurkat 细胞。

(2) 含 10% FBS 的 RPMI1640 培养液。

(3) Annexin V-FITC/PI 染色试剂盒。

(4) 主要设备：CO_2 培养箱、生物安全柜、FS-20 太阳灯(Westinghouse，280~320nm)、IL700 光检测仪、荧光显微镜及离心机。

【实验方法】

(1) Jurkat 细胞在 6 孔细胞培养板中培养，密度为 2×10^6/孔，每孔 3mL。紫外线照射组：用 FS-20 太阳灯照射 16h，照射强度为 5mJ/cm^2。阳性对照组：rhTRAIL 处理，终浓度为 100ng/mL。阴性对照：紫外线不照射。

(2) 细胞置 CO_2 培养箱中培养 6h，在倒置显微镜下直接观察细胞凋亡情况。收集细胞，以 $800 \times g$，离心 10min，弃上清，用试剂盒中的结合液洗 1 次，细胞重新悬浮于 100μL 结合液中。各加 5μL Annexin V-FITC 溶液，混匀，避光 4℃孵育 20min。

(3) 用试剂盒中的结合液洗 2 次，细胞重新悬浮于 100μL 含 50%甘油的结合液中。滴片后封片，在激光共聚焦显微镜下观察细胞形态变化并拍照。

【实验结果】

细胞对紫外线比较敏感，经紫外线照射可诱导细胞凋亡。凋亡细胞被 Annexin V-FITC

标记后，在荧光显微镜下可观察到凋亡细胞表面有绿色荧光环，可以观察到细胞膜出泡现象及凋亡小体形成等。正常细胞不被 Annexin V-FITC 标记，细胞表面没有绿色荧光。

【注意事项】

(1) 洗涤细胞一定要用含钙离子的结合液，否则 Annexin V-FITC 不予磷脂酰丝氨酸结合。

(2) FITC 特别容易猝灭，标记时注意避光，观察时动作要迅速。

(3) 如果有条件可以在封片剂中加抗荧光猝灭剂以延长荧光显示时间。

第二节　细胞凋亡的生物化学研究方法

细胞凋亡时产生一系列的生化改变，如 DNA Ladder、3′-OH 末端的形成、细胞色素 *c* 的释放及 caspase 的活化等。因此可用其特有的生化改变对细胞凋亡进行检测。

实验一　凋亡细胞的 DNA Ladder

细胞凋亡时染色质断裂，DNA 片段在核小体单位之间连接处断裂，形成 180~200bp 整数倍的寡核苷酸片段。坏死细胞内的 DNA 则是被随机降解为任意长度的片段。因此，通过提取细胞 DNA 进行琼脂糖凝胶电泳，凋亡的细胞出现 DNA Ladder，而坏死的细胞出现 smear(弥散)条带。琼脂糖凝胶电泳检测 DNA 片段是检测凋亡最常用的生物化学方法。

【实验目的】

熟悉琼脂糖凝胶电泳检测 DNA 片段方法，从而检测细胞凋亡。

【实验材料】

(1) HL-60 细胞。

(2) 含 10% FBS 的 RPMI1640 培养液。

(3) 重组人可溶性 FasL 和地塞米松磷酸钠注射液。

(4) 1kB plus DNA ladder。

(5) 细胞裂解液(10mmol/L Tris-HCl pH8. 0、10mmol/L NaCl、10mmol/L EDTA、100μg/mL 蛋白酶 K，10mg/mL Rnase、1% SDS)。

(6) 苯酚：氯仿(1：1)，苯酚：氯仿：异戊醇(25：24：1)，氯仿。

(7) 3mol/L 乙酸钠，pH5.2。

(8) −20℃无水乙醇。

(9) TE 缓冲液(10mmol/L Tris-HCl pH 8.0、1mmol/L EDTA)。

(10) 100bp Ladder marker。

(11) 50×TAE 电泳缓冲液(Tris 242g、乙酸 57. 1mL、0. 5mol/L pH8.0 EDTA 100mL、加蒸馏水至 1L)。

(12) 低熔点琼脂糖。

(13) 主要设备：CO_2 培养箱、生物安全柜、水平电泳槽及电泳仪、恒温水浴箱、正视显微镜及离心机、凝胶图像分析系统。

【实验方法】

1. DNA 提取

(1) 地塞米松组：HL-60 细胞密度均为 6.5×10^6 个/mL，10μmol/L 地塞米松作用 20h。

阳性对照组：200ng/mL 的 rFasL 作用 HL-60 细胞 4h。坏死组：以 5%碳酸氢钠溶液调培养液 pH 至 8. 0，培养 3h。同时作阴性对照。分别收集各组细胞，以 PBS 洗 1 次，800×*g* 离心 5min。

(2) 弃上清，加含蛋白酶 K 和 Rnase 的细胞裂解液 500μL，混匀，50℃水浴 2h，不时振摇。以等体积的苯酚：氯仿(1：1)、苯酚：氯仿：异戊醇(25：24：1)和氯仿各抽提一次。

(3) 收集上清移至另一离心管，加 0. 5mL 氯仿：异戊醇(24：1)抽提，混匀后 4℃。12 000r/min 离心 5min。

(4) 移上清至另一离心管，加 100μL 的 3mol/L 乙酸钠和 1mL 预冷无水乙醇，混匀后置-20℃过夜沉淀 DNA，4℃、12 000r/min 离心 10min，弃上清。

(5) 沉淀重新悬浮于 70%乙醇，4℃、12 000r/min 离心 10min，弃上清。置室温干燥 10~30min，加 30μL TE 缓冲液溶解 DNA。于 260nm 和 280nm 测定 DNA 含量。

2. 电泳

(1) 制备含 EB 0. 2μg/mL 的 1. 6%的琼脂糖凝胶，将胶移入到 1×TAE 缓冲液的电泳槽内。

(2) 取 5μL 样品溶液与等体积加样缓冲液混匀，依次上样，以 10V/cm 电泳 2~3h。

(3) 以双蒸水使胶脱色 1h，在紫外灯下观察。置凝胶成像系统中拍照分析。

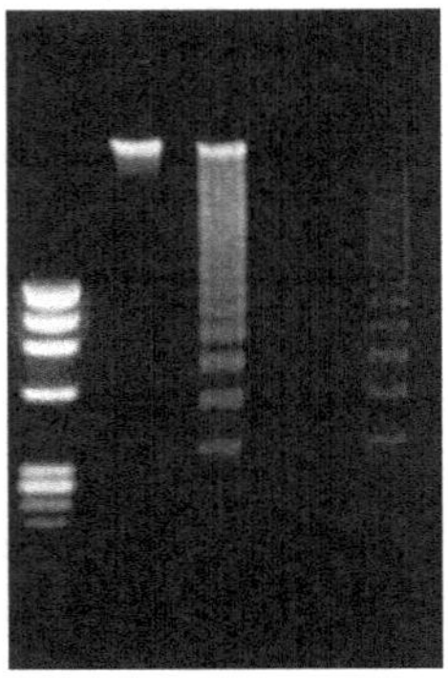

图 8-1 凋亡细胞的 DNA Ladder

【实验结果】

凋亡细胞 DNA 提取物在电泳后呈现典型的 DNA 阶梯状条带，正常细胞 DNA 提取物在点样附近呈现出一条宽带，坏死细胞则为弥散状条带(图 8-1)。

【注意事项】

(1) 细胞裂解液中要有足够的蛋白酶 K 和 Rnase，消化时间可以适当延长，使蛋白质及 RNA 充分降解。Rnase 经高温预处理灭活 DNA 酶。

(2) 加氯仿等提取液时要快速、剧烈混匀，有利于蛋白质变性沉淀。氯仿及苯酚具有一定挥发性，对身体有一定的危害，操作应在通风橱中进行。

(3) 电泳时上样量一定要合适，否则量少跑不出带，量多则荧光太强条带分辨不清。

(4) EB 具有潜在的致畸作用，操作时要戴乳胶手套，注意防护。

实验二 末端标记法

凋亡细胞的细胞核浓缩，染色质断裂，因此在染色质 DNA 分子双链或单链上产生一系列的 DNA 3′-OH 末端缺口。正常细胞及正在增殖的细胞几乎没有 DNA 的断裂，所以没有 3′-OH 形成。因此，在脱氧核糖核苷酸末端转移酶(terminal deoxynucleotidyl transfe rase，TdT)的作用下，可将荧光素、过氧化物酶、碱性磷酸化酶或生物素标记的脱氧三磷酸尿苷(deoxyuridinetriphate，dUTP)连接到凋亡细胞染色质 DNA 的 3′-OH 末端，经激发光激发或酶联反应可以检测细胞的凋亡情况。此方法习惯称为末端脱氧核糖核苷酸转移酶介导的缺口末端标记法(terminal-deoxynucleotidyl transferase mediated nick end labelling，

TUNEL)。

TUNEL 法链接核苷酸不需要模板，灵敏度高，比缺口翻译(nick translation)技术更适合于细胞凋亡的检测。缺口翻译是利用 DNA 聚合酶 1 将标记的核苷酸连接到断裂 DNA 的 3′-OH 端。原位末端标记技术实际上是分子生物学与形态学相结合的研究方法，对完整的单个凋亡细胞核或凋亡小体进行原位染色，能准确地反映细胞凋亡最典型的生物化学和形态特征。可检出极少量的凋亡细胞，灵敏度远比一般的组织化学测定法要高，因而在细胞凋亡的研究中应用十分广泛。

【实验目的】

熟悉 TUNEL 法检测细胞凋亡。

【实验材料】

(1) BABC 小鼠，雄性，4 周龄。

(2) PBS(137mmol/L NaCl、2.7mmol/L KCl、4.3mmol/L $Na_2HPO_4 \cdot 7H_2O$、1. 4mmol/L KH_2PO_4)。

(3) 蛋白酶 K(PBS 稀释至 200μg/mL)，抗 Fas 功能性 IgG。

(4) 含 2%过氧化氢的磷酸缓冲液(30%过氧化氢 2. 0mL，PBS 98mL)。

(5) 10×TdT 酶缓冲液(1mol/L 二甲胂酸钠、10mmol/L $CoCl_2$、1mmol/L DTT、500μg/mL BSA)新鲜配制。

(6) TdT 酶反应液(10×TdT 酶缓冲液 10μL、200μmol/L digoxigenin-11-dUTP 10μL、20U 末端转移酶，补 ddH_2O 至 100μL)新鲜配制，置冰上备用。

(7) 洗涤与终止反应缓冲液(氯化钠 17. 4g，枸橼酸钠 8. 82g，加蒸馏水至 1000mL)。

(8) 0. 05%二氨基联苯胺(DAB)溶液(DAB 5mg，PBS 10mL)，临用前过滤，加过氧化氢至 0. 02%。

(9) 2%甲基绿染色液。

(10) 过氧化物酶标记的抗地高辛抗体。

(11) 其他试剂：丙酮，100%、95%、90%、80%、70%梯度乙醇，二甲苯，10%多聚甲醛，乙酸及松香水等。

(12) 主要设备：CO_2 培养箱、生物安全柜、恒温水浴箱、恒温箱、石蜡切片机、冷冻切片机和光学显微镜。

【实验方法】

1. 标本预处理

(1) 肝损伤组：小鼠尾静脉注射抗 Fas 功能性抗体 15mg/kg，24h 后脱臼处死。阴性对照组：小鼠尾静脉注射 PBS。

(2) 石蜡切片：分离小鼠肝脏，常规处理、石蜡包埋。切片后进行脱蜡和复水。用 PBS 洗 5min。加入蛋白酶 K 溶液(2000μg/mL)，置 37℃水解 10min，除去组织蛋白。用 PBS 洗 4 次，3min/次。

(3) 冰冻组织切片：新鲜组织用包埋剂包埋，−80℃快速冷冻，用冷冻切片机切片。切片用冷丙酮固定 5min，用 PBS 洗 2 次，5min/次。

(4) 培养细胞或组织中的细胞预处理：将约 6.5×10^6 个/mL 细胞于载玻片上滴加 100μL 细胞悬液涂片，干燥后用冷丙酮固定 5min，用 PBS 洗 2 次，5min/次。

2. 标本检测方法

(1) 在染色缸中加入含 2%过氧化氢的 PBS，室温孵育 5min。用 PBS 洗 2 次，5min/次。

用吸水纸小心吸去载玻片上组织周围的多余液体，立即滴加 50~100μL TdT 酶缓冲液，室温孵育 5~10min。

(2) 用吸水纸小心吸去载玻片上组织周围的多余液体，立即滴加 50~100μL TdT 酶反应液，使之完全覆盖组织(细胞)，置湿盒中于 37℃孵育 1~2h(注意：阴性对照加不含 TdT 酶的反应液)。

(3) 将切片置于染色缸中，加入 37℃的洗涤与终止反应缓冲液，置 37℃孵育 30min，使液体轻微晃动。

(4) 组织(细胞)玻片用 PBS 洗 4 次，5min/次。将过氧化氢酶标记的抗地高辛抗体滴于组织(细胞)上，置湿盒于 37℃孵育 0.5~1h。用 PBS 洗 4 次，5min/次。

(5) 在组织(细胞)玻片上滴加新鲜配制的 0.05% DAB 溶液，室温显色 5~10min。用蒸馏水冲洗 4 次，2min/次。

(6) 于室温用甲基绿染色液进行复染 50min。用滤纸吸干多余液体，浸入丙酮中分化 20s，转入丙酮：二甲苯(1：1)稍洗片刻，经二甲苯透明后用中性树脂封片，镜下观察并拍照。

(7) 设阳性和阴性对照：阳性对照的切片可以使用 DNase Ⅰ 部分降解的标本，如使用地塞米松(1μmol/L)处理 3~4h 的大、小鼠胸腺细胞或人外周血淋巴细胞。阴性对照不加 TdT 酶，其余步骤与实验组相同。

【实验结果】

肝细胞表面表达 Fas，故具有 FasL 活性的抗 Fas 功能性抗体能通过诱导细胞凋亡引起肝损伤。本实验利用 TdT 酶将脱氧核糖核苷酸地高辛衍生物(digoxigenin-11-dUTP)参入到凋亡细胞双链或单链 DNA 的 3′ -OH 末端，进而用过氧化物酶标记的抗地高辛抗体结合，然后加入过氧化物酶底物 DAB 及 H_2O_2 显色。经反应后，在普通光学显微镜下观察，凋亡细胞的细胞核呈棕色或褐色，正常细胞细胞核为黄绿色。

地高辛只存在于洋地黄植物中，在所有动物组织细胞内几乎不存在能与地高辛抗体结合的配体，因而非特异性反应很低。

【注意事项】

(1) 整个操作过程片子不能干燥，否则假阳性高。

(2) 用核苷酸标记时，标本上的残余液体要吸干，反应温度要稳定。

(3) 标记及显色的最佳时间因标本不同，试剂来源不同及环境温度的差异而有所不同，需要重新摸索。

(4) 如果不同标本的大小不同，应根据标本大小适当增加或减少反应体积，标本大小及与所用反应体积应一致。

(5) DAB 具有一定的潜在毒性，操作时要戴乳胶手套，注意防护。

实验三　免疫印迹检测凋亡细胞的 caspase 活化

众多研究已经表明，细胞凋亡是通过细胞内特殊的蛋白酶(caspase)进行的。细胞凋亡的信号传导途径主要有两条：死亡受体途径和线粒体途径。死亡受体配体通过与细胞膜表面的死亡受体等结合形成了诱导死亡信号传导复合体(DISC)激活起始酶 caspase 8，caspase 8 激活 caspase 3 等效应酶，caspase 3 等效应酶将细胞内的结构蛋白和功能蛋白水解，甚至激活其他蛋白酶及核酸内切酶等，从而产生细胞凋亡的生物学效应，如 TRAIL、Fas 及其功能性抗体等。而一些化疗药物等则主要影响线粒体细胞凋亡信号传导途径，如顺铂及阿霉素等通过一定的机制使线粒体的膜结构受到损害，从而释放细胞色素C、凋亡诱导因子-1(Apaf-1)、caspase 9酶原、凋亡诱导因子(AIF)、核酸内切酶G及Smac等众多与细胞凋亡有关的因子，细胞色素 *c* 及Apaf-1与caspase 9酶原结合构成凋亡体(apoptosome)激活起始酶caspase 9，caspase 9进一步激活caspase 3等效应酶从而产生细胞凋亡的生物学效应。死亡受体细胞凋亡途径激活的caspase 8可作用于Bcl-2家族的促细胞凋亡成员Bid裂解为tBid，tBid作用于线粒体导致线粒体膜受到损伤，从而激活线粒体凋亡途径。正常情况下，细胞内的caspase是以没有活性的酶原形式(pro-caspase)存在，因此通过免疫印迹技术可以有效地检测细胞凋亡过程中caspase激活情况，分析细胞是否发生凋亡及细胞通过何种细胞凋亡信号传递途径进行。

此外，也可以通过酶学方法测定caspase活性，了解哪些caspase被激活及酶活性的高低等。而且，也可以通过抗体对细胞内的caspase进行荧光标记，利用流式细胞术对凋亡细胞进行分析。

【实验目的】

熟悉通过免疫印迹的方法检测凋亡细胞的caspase活化。

【实验材料】

(1) Jurkat细胞。

(2) 含10% FBS的RPMI1640培养液。

(3) 重组人可溶性TRAIL(rhTRAIL)。

(4) 细胞裂解液[(20mmol/L Tris-HCl(pH7. 5)、150mmol/L NaCl、1% SDS、10% glycerol、1mmol/L Na_3VO_4、50mmol/L NaF、100mmol/L PMSF、5μg/mL aprotinin、10μg/mL leupeptin、5μg/mL pepstatin A、2μg/mL chymostatin]。

(5) SDS-PAGE上样缓冲液(5×)。

(6) BCA法蛋白质浓度测定试剂盒。

(7) 显影定影试剂盒、化学发光试剂盒。

(8) 柯达X-OMAT BT胶片。

(9) 广谱caspase抑制剂Z-VAD-FMK。

(10) 鼠抗人caspase 8单克隆抗体、鼠抗人caspase 9单克隆抗体、鼠抗人caspase 3单克隆抗体、鼠抗人caspase 7单克隆抗体、羊抗鼠HRP-IgG。

(11) PVDF。

(12) 主要设备：台式低温高速离心机、荧光及化学发光凝胶图像分析系统、垂直板电泳仪及转印电泳仪。

【实验方法】

(1) TRAIL组：Jurkat细胞于25mL培养液中培养，3×10^6个/瓶，加入rhTRAIL，终浓度500ng/mL，总体积为5mL，于37℃作用不同时间。阴性对照组：不加rhTRAIL。

(2) 收集每瓶所有细胞，离心弃上清，每管加0. 5mL细胞裂解液并经反复冻融裂解细胞。20 000×*g*离心10min，取上清。

(3) 利用BCA法测上清蛋白含量。

(4) 电泳：按常规SDS-PAGE方法进行。凝胶交联度为15%，每个泳道上样20μg总蛋白。

(5) 转印：按照常规的 Western blot 方法进行转膜。

(6) 显色：按照常规的 Western blot 方法进行。首先对膜进行封闭，然后用相应的一抗温育，再与酶标二抗结合，进而用化学发光试剂盒显色，最后可直接用化学发光凝胶图像分析系统进行观察及拍照。或者经曝光、显影及定影后，用凝胶成像分析系统拍照及观察分析。

【实验结果】

结果显示 caspase 8、caspase 9、caspase 3 及 caspase 7 蛋白带，并具有时间依赖性。说明 TRAIL 可以通过细胞内外两条细胞凋亡途径有效地诱导 Jurkat 细胞凋亡。

【注意事项】

(1) 在进行细胞裂解时，裂解液一定要加入蛋白酶抑制剂以避免蛋白酶对靶蛋白的降解。PMSF 降解快，要现用现加。

(2) 上样前一定要对上清中的蛋白质进行定量。细胞裂解液的某些成分会对蛋白质定量产生影响，不同裂解液要用不同的蛋白质检测方法。

(3) 要保证每个泳道的蛋白质上样量一致。

(4) caspase 相对分子质量比较小，在转膜时要使用低电流。

(5) 当一抗来自不同动物时，要选择相应的二抗以避免二抗之间产生免疫反应。

(6) 二抗稀释液中不能有 NaN_3，以免影响酶活性。

(7) 洗涤要充分，洗涤液中不要忘记加吐温。

(8) 使用化学发光试剂盒要注意避光。

第三节　流式细胞术检测细胞凋亡的常用方法

流式细胞仪(flow cytometer，FCM)是一项集激光技术、电子物理技术、光电测量技术、计算机技术及细胞荧光化学技术、单克隆抗体技术为一体的新型高科技仪器。流式细胞术是利用 FCM 对处于快速直线流动状态中的细胞或生物颗粒进行多参数、快速、高度灵敏的定量分析和分选的技术。几乎所有细胞凋亡的特征性形态、生化和分子特点均可以利用 FCM 的单参数和(或)多参数分析进行检测，如可检测凋亡细胞大小及密度的变化，凋亡细胞通过荧光素标记断裂的 DNA，外翻的磷脂酰丝氨酸及凋亡相关蛋白等，经发射光激发产生相应的荧光可以被检测进行分析。因此，利用流式细胞仪不仅可以检测分析荧光素标记的凋亡细胞，而且可以用于细胞凋亡机制方面的研究。此外，正常活细胞及凋亡早期细胞的一个重要特点是细胞膜完整，而死亡细胞(坏死细胞和凋亡晚期细胞)的膜完整性丧失，通透性降低或丧失，因此，利用一些荧光染料根据细胞膜通透性、选择性不同，对细胞进行荧光标记来研究细胞膜的完整性和膜转运功能，如碘化丙啶(PI)可以染死亡细胞，Hoechst 33258 及乙酰乙酸(FDA)可以染活细胞。随着流式细胞术的发展及越来越多的荧光探针、检测试剂盒的出现，应用流式细胞术进行凋亡细胞的检测已成为细胞凋亡研究的主要手段。

实验一　Annexin V/PI 双染法

在凋亡细胞的形态学改变中，细胞膜的改变是出现最早的。在细胞凋亡的早期阶段，细胞内 Ca^{2+}快速、持续升高，致使大量 Ca^{2+}激活谷氨酰胺转移酶，谷氨酰胺转移酶的活化使细胞膜磷脂不对称性丧失，导致膜内侧的磷脂酰丝氨酸(phosphatidyl serine，PS)从细胞内层向外转移而暴露于外层，可以被特异的 Annexin V 探针所标记。PS 的外翻不是细胞凋亡特有标志，也可以发生于细胞坏死中。两种细胞死亡方式的区别在于凋亡的早期细胞膜是完整的，而细胞坏死在早期阶段细胞膜的完整性就被破坏了。

而 PI 对细胞膜完整的活细胞和早期凋亡细胞是拒染的，但是对膜完整性被破坏的晚期凋亡细胞或坏死细胞可以染色。因此，Annexin V 结合 PI 对细胞样本进行双染色可以用于检测活细胞、凋亡细胞及坏死细胞。由于正常细胞不被染色，凋亡细胞可被标记上 Annexin V，坏死细胞和凋亡晚期细胞可被 PI 染色，因此利用流式细胞仪技术和可以将各群细胞明显地区分开来。

【实验目的】

了解流式细胞仪的原理及 Annexin V/PI 双染法的实验步骤。

【实验材料】

(1) Jurkat 细胞。

(2) 含 10% FBS 的 RPMI1640 培养液。

(3) 重组人可溶性 TRAIL(rhTRAIL) (R & D 公司)。

(4) PBS(137mmol/L NaCl、2.7mmol/L KCl、4.3mmol/L $Na_2HPO_4 \cdot 7H_2O$、1.4mmol/L KH_2PO_4)。

(5) Annexin V-FITC/PI 试剂盒。

(6) 主要设备：CO_2 培养箱、生物安全柜、倒置显微镜、离心机及流式细胞仪。

【实验方法】

(1) 收集培养的 Jurkat 细胞，调细胞密度为 5×10^5 个/mL，备用。

(2) TRAIL 组：于 24 孔板中加 Jurkat 细胞液 1mL，加 rhTRAIL，使其浓度为 70ng/mL。阴性对照组：不加 rhTRAIL

(3) 细胞置 CO_2 培养箱中培养 4h，在倒置光学显微镜下观察细胞凋亡情况，然后依次收集每孔细胞悬液，用结合液洗 2 次，于 4℃、$800 \times g$ 离心 5min，最后加结合液 100μL 重新悬浮细胞。

(4) Annexin V-FITC 溶液和 PI 溶液各加 5μL，混匀后 4℃避光孵育 15min。

(5) 加入 400μL 结合液，重新悬浮细胞后，以流式细胞仪(FACSCalibur，BD 公司)检测细胞凋亡情况，每个样品检测 1 万个细胞，用 Cellquest 软件进行细胞凋亡分析。

【实验结果】

流式细胞仪激发光波长为 488nm，如果 Annexin V 以 FITC 标记再加上 PI 同时染色检测细胞凋亡，则用 525nm 的带通滤光片检测 FITC，以 610nm 的带通滤光片检测 PI。可以通过 FITC 和 PI 的对数荧光散点图分析早期凋亡及晚期细胞、活细胞和坏死细胞的百分率。

不经 rhTRAIL 处理的 Jurkat 细胞没有凋亡细胞出现，在散点图上显示所有细胞集中左下象限(象限 3)；早期凋亡细胞出现在右下象限(象限 4)；凋亡继发性坏死细胞即晚期凋亡细胞出现在右上象限(象限 2)；坏死细胞呈现在左上象限(象限 1)。通过流式细胞技术可以把细胞群内的活细胞、早期凋亡细胞、晚期凋亡细胞和坏死细胞的百分率直观地显示出来，为深入而直观地研究细胞提供了一个重要的技术手段。

【注意事项】

(1) 洗涤细胞一定要用含钙离子的结合液，否则 Annexin V 与磷脂酰丝氨酸不结合。

如果试剂盒提供的结合液不够用，可用含钙离子的其他平衡缓冲液代替。

(2) FITC 特别容易猝灭，标记时注意避光，观察时动作要迅速。染色后应立即上机检测，1h 内检测完毕。

(3) 不同公司的 Annexin V-FITC 细胞凋亡检测试剂盒操作步骤略有不同，应按照操作说明进行。

(4) 严格细胞计数，细胞过多会影响染色和检测结果。

(5) PI 具有毒性，有潜在的致畸作用，操作时要佩戴乳胶手套，注意防护。

(6) 实验应设立阴性和单阳性对照，以调整样品检测的最佳工作电压和荧光补偿，优化检测条件。

(7) 细胞凋亡检测也可以不加 PI 利用 Annexin V-FITC 进行单染，不需要作单阳性对照，直接作直方图分析凋亡率，易操作，方便。

(8) 被标记的细胞除可以用于流式细胞仪检测外，还可以用荧光显微镜进行观察分析。

实验二　亚二倍体分析法

由于凋亡细胞 DNA 被降解后，小分子 DNA 可通过细胞膜渗透到细胞外，另外凋亡小体也可以带走部分 DNA，造成凋亡细胞 DNA 含量非倍性减少，由此可导致对 DNA 染料着色能力下降，因此在分析细胞周期时表现为在 G1 期峰前出现亚二倍体峰，即亚 G1 期峰。常用的 DNA 染料为碘化丙啶(propidium，PI)，由于 PI 不能通过活细胞进入细胞内染色，因此具体操作时要用乙醇将细胞膜打孔，把染料引入胞内并将细胞固定。由于 PI 同时能与胞内 RNA 和 DNA 结合，因此需用 RNA 酶降解胞内的 RNA，方可检测细胞内 DNA 含量的变化。

【实验目的】

了解流式细胞仪的原理及亚二倍体分析法的实验步骤。

【实验材料】

(1) Jurkat 细胞。

(2) 含 10 %FBS 的 RPMI1640 培养液。

(3) 重组人可溶性 TRAIL(rhTRAIL)。

(4) PI 染色液：PI 0. 5mg、Rnase 0. 2mg、1. 0% Triton x-100、生理盐水 6. 5mL、枸橼酸钠 10mg、加蒸馏水至 95mL，调 pH 至 7. 4，定容为 100mL，放入棕色瓶中，4℃避光保存。

(5) 70%预冷乙醇。

(6) 主要设备：CO_2 培养箱、生物安全柜、倒置显微镜、离心机及流式细胞仪。

【实验方法】

(1) TRAIL 组：调细胞密度为 2×10^6 个/mL，于 24 孔板中加 Jurkat 细胞液 0. 75mL，补加含 10%FBS 的 RPMI1640 培养液 0.75mL，加入 rhTRAIL，终浓度为 200ng/mL，于 37℃、5%CO_2 培养 4h。阴性对照组：不加 rhTRAIL。

(2) 在倒置显微镜下拍观察细胞凋亡情况。然后，依次收集每孔细胞悬液，加入 5mL PBS，于 4℃ 900 × g 离心 8min，弃上清。

(3) 加入 5mL 预冷的 70%无水乙醇，于 4℃固定 4h，并间断性摇动。于 4℃ 1000 × g 离心 8min，弃上清。以 5mL PBS，1000 × g 离心 8min，洗 2 次，弃上清。

(4) 加入 1mL PI 染液，室温避光孵育 30min。移入流式管内上流式细胞仪检测。

(5) 流式细胞仪检测 PI 用 488nm 的氩离子激光器激发，由 630nm 的带通滤光片接收，通过 FSC/SSC 散点图收集 1 万个细胞，采用设门技术排除黏连细胞和细胞碎片，分析 PI 荧光直方图上细胞周期的百分率及凋亡细胞百分率。

【实验结果】

凋亡细胞经流式细胞仪检测，在直方图上二倍体峰前面出现一个明显的亚二倍体峰。正常细胞没有亚二倍体峰。说明 TRAIL 具有诱导细胞凋亡的作用。

PI 单染法的最大优点在于获得凋亡细胞百分率的同时，还可以与细胞周期中其他时相的细胞进行比较，此方法简便、标本制备容易、检测费用低，是目前较经典、较常用的凋亡检测方法。但不足之处是该方法无法确认细胞凋亡处于哪一时相，对于 S 期和 G2/M 期的细胞发生凋亡时，凋亡峰有时与 G1 峰和 S 峰相互重叠，导致 G1 峰或 S 峰增宽而无典型的亚 G1 峰的出现，所以无法分析来自 S 期或者 G2/M 期细胞的凋亡，应该借助细胞同步化及其他方法进行检测。

【注意事项】

(1) 细胞必须固定，固定用预冷的 60%~80%乙醇溶液，于 4℃至少固定 4h。固定细胞在低温可长期存放。

(2) 固定的细胞必须充分洗涤以使小分子 DNA 片段渗透出来。

(3) 固定的细胞必须用 RNA 酶进行处理以消除细胞内 RNA 对测定结果的影响。RNA 酶必须经高温预处理以灭活 DNA 酶。

(4) 染色必须避光。

(5) 严格细胞计数，细胞过多会影响染色和检测结果。

(6) PI 具有毒性，有潜在的致畸作用，操作时要佩戴乳胶手套，注意防护。

(7) 设立正常对照，通常以正常人外周血白细胞作标准参照，确保倍体计算的准确性。

实验三　TUNEL 法

在细胞凋亡的过程中，细胞核中的染色质断裂，DNA 分子上形成众多的 3′-OH 末端。FITC 标记的 dUTP(FITC-dUTP)在 TdT 酶的作用下，可以参入到凋亡细胞双链或单链 DNA 的 3′-OH 末端，正常细胞不被标记。当遇到波长为 494nm 的激发光时，荧光素产生波长为 523nm 的发射光，可用流式细胞仪进行定量测定。此外，在用 TUNEL 法对细胞标记时，使用了 PI 对 DNA 标记，因此，在分析细胞凋亡的同时还可以分析细胞周期与细胞凋亡之间的关系。

TUNEL 法比 DNA 缺口翻译标记法灵敏 10 倍以上。使用 TUNEL 系统具有很低的非特异性染色，凋亡细胞产生的信号强度至少比非凋亡细胞高 40 倍，测定凋亡细胞的灵敏度较测定死亡细胞高 10 倍。

【实验目的】

了解 TUNEL 法观察细胞凋亡的方法。

【实验材料】

(1) BL41 细胞(Burkitt’s lymphoma)。

(2) 含 10% FBS 的 RPMI1640 培养液。

(3) 重组人转化生长因子-β1(rhTGF-β1)。

(4) PBS(137mmol/L NaCl，2.7mmol/L KCl，4.3mmol/L $Na_2HPO_4 \cdot 7H_2O$，1.4mmol/L KH_2PO_4)。

(5) TUNEL 试剂盒。

(6) 固定剂：含 1%多聚甲醛的 PBS、pH7.4 预冷的 70%乙醇。

(7) 主要设备：CO_2 培养箱、生物安全柜、倒置显微镜、离心机及流式细胞仪。

【实验方法】

1. 细胞处理与固定

(1) 收集培养的 BL41 细胞，调细胞密度为 6×10^5 个/mL，备用。

(2) TGF 组：于培养瓶中加入 rh TGF-β1，使其终浓度为 10ng/mL，细胞置 CO_2 培养箱中培养不同时间。阴性对照组：不加 rh TGF-β1。

(3) 收集每瓶的细胞悬液，离心洗涤后将 3×10^6 个/mL 细胞悬浮于 0. 5mL PBS 中，用 1%多聚甲醛固定，混合均匀，置冰上固定 30min。

(4) 于 4℃ 800×g 离心 6min，弃尽上清，沉淀悬浮于 5mL PBS 中，重复离心 1 次，弃上清。

(5) 将细胞悬浮于 70%的冷乙醇中至少固定 30min。可将细胞悬浮于 3mL 70%的冷乙醇中，于−20℃保存几天，备用。

2. 细胞染色

(1) 1mL 细胞悬液于 4℃ 800×g 离心 10min，弃上清，沉淀悬浮于 5mL PBS 中，重复离心 1 次，弃上清。细胞重新悬浮于 1mL PBS，移入 2. 0mL 的微量离心管中，离心后弃尽上清。试剂盒中的阳性细胞及阴性细胞各取 1mL，也按此方法处理。

(2) 每管加 1mL 试剂盒中的细胞洗涤液(蓝帽)，800×g 离心 6min，洗涤 2 次。

(3) 将细胞悬浮于 50μL DNA 标记反应液。

(4) 于 37℃避光标记 60min，每 15min 摇动 1 次。

(5) 每管加 1mL 的终止反应缓冲液(红帽)，离心弃上清，重复 1 次。

(6) 加入 0. 5mL PI/RNA 酶染色液，于室温避光染色 30min。样品上流式细胞仪检测。

(7) 用单阳性细胞对流式细胞仪检测条件进行优化。

【实验结果】

所有细胞均被 PI 标记，但只有凋亡细胞才能被 FITC 标记，因此，通过 2 象限作图在双色的散点图上可将凋亡细胞和正常细胞分开，并计算出各自的比例。利用该方法不仅可以测定细胞凋亡，而且可以测定细胞周期，并分析细胞周期中的 DNA 发生断裂的具体时相。结果说明重组人转化生长因子-β1 诱导细胞凋亡。

【注意事项】

(1) 细胞洗涤液及反应液含有防腐剂 NaN_3，有毒，请注意小心防护。

(2) TdT 酶溶液应放 4℃保存，不能冻融。

(3) 细胞固定是必要的，对细胞固定时一定要在 4℃。用乙醇固定时，时间可以适当长些，在乙醇里保存几天对实验结果没有影响。

(4) 如果染色效果不好，可适当延长标记时间，最佳反应时间有时会因细胞种类不同而有所差异。

(5) 如果不分析凋亡与细胞周期的关系，利用 TUNEL 法对细胞凋亡测定，也可以采用 FITC 单色标记，操作更简单。

(6) 不同公司的试剂盒操作方法及使用剂量有所不同，应严格按照操作说明进行。

(7) 利用 TUNEL 法进行标记的细胞凋亡除可以用于流式细胞仪检测外，还可以用荧光显微镜进行观察分析。

(向　田)

综合性实验

第九章　抗体制备技术

实验一　多克隆抗体的制备

【实验目的】

(1) 加深对抗体知识的了解。

(2) 学习多克隆抗体的制备及纯化的基本方法。

(3) 了解佐剂的定义及用途。

【实验原理】

将具有免疫原性的抗原注射入实验动物体内时，抗原可刺激机体相应 B 细胞增殖、分化形成浆细胞并分泌特异性抗体进入血液，其血清称为免疫血清或抗血清。抗血清中的抗体是由多个 B 淋巴细胞克隆所产生的，受到多种抗原决定簇刺激并可与多种抗原表位结合，因此被称为多克隆抗体(polyclonal antibody，PcAb)。

如图 9-1 所示，实验动物对初次免疫和再次免疫的应答有明显的不同。初次免疫应答往往比较弱，在血清中可以观察到抗体但抗体的浓度维持在一个较低的水平；再次应答时因记忆性 B 细胞参与，抗体的合成速度明显增加并且保留时间也较长。在基础免疫的基础上，多次重复注射免疫原，可获得高效价抗体，同时由于抗体亲和力的成熟，抗体的亲和力可明显提高。颗粒性抗原或加佐剂的可溶性抗原免疫原性较强，最常用的佐剂是弗氏完全佐剂。

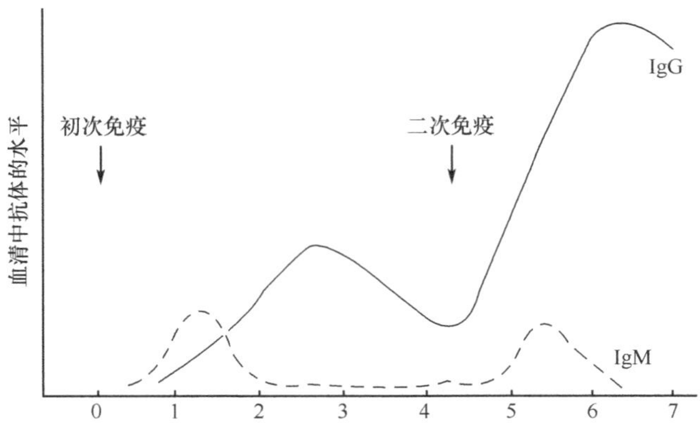

图 9-1　再次免疫应答

免疫球蛋白(Ig)对异种动物而言，是良好的抗原物质，可以刺激异种动物产生抗 Ig 血清，经适当提取可获得抗 Ig 抗体(又称第二抗体或抗抗体)。在很多间接标记反应中，均需制备抗 Ig 抗体。本实验以兔抗人 IgG 免疫血清制备为例来说明。

【实验材料】

(1) 实验动物：健康成年兔。

(2) 实验器材：手术器械、注射器(2mL、50mL)、10mL 称量瓶、量筒、动物固定架、电子秤、灭菌三角烧瓶(250mL)、血管夹、黑丝线、研钵等。

(3) 实验试剂：乙醇、碘酒、生理盐水、戊巴比妥、纯化人 IgG(10mg/mL)、弗氏不完全佐剂(FIA)、弗氏完全佐剂 (FCA)。

【实验方法】

1. 抗原的制备 用生理盐水稀释抗原，然后与相应的佐剂进行 1∶1 混合乳化形成油包水乳剂(弗氏不完全佐剂抗原(FIA-IgG)和弗氏完全佐剂抗原(FCA-IgG))。乳化方法有研磨法、注射器混合法、超声波粉碎器快速乳化及微型振荡混合器法等。

2. 注射抗原

(1) 剪去家兔颈背部和大腿处毛，75%乙醇、碘酒消毒皮肤。

(2) 初次免疫：用注射器吸取 FCA-IgG 1mL，在兔的颈背部和大腿(或臂部)选 4~6 点皮下注射，每点注 0.2mL。

(3) 第二次免疫：10~14 天后，再于上述部位选不同点及两侧腘窝、腹股沟肿大的淋巴结内注射 FIA-IgG，每点注 0.1mL，其余注入淋巴结附近皮下，共注射 1mL。

(4) 试血：间隔 7~10 天后，从耳静脉采血 0. 5~1.0mL，分离血清，以双向琼脂扩散实验测定免疫血清的抗体效价。效价达到 1∶16 以上才能放血。

(5) 若效价未达到要求，可用不加佐剂的抗原耳静脉内注射免疫，1 周内注射 3 次，分别为 0.1mL、0.3mL、0.5mL。间隔 1 周再试血。如效价达到要求应立即放血。另外，也可在第 2 次免疫后，以 FIA-IgG 再免疫 1~2 次，注射部位、剂量和间隔均同第 2 次，试血测抗体效价，如效价达到要求立即放血。

3. 抗血清的鉴定(双向琼脂扩散实验) 测定抗血清效价有两种稀释方法：一种是对倍稀释抗血清，分别与一定浓度的纯抗原反应；另一种是对倍稀释抗原，分别与不同浓度的抗血清进行棋盘式双扩散实验(表 9-1)。

表 9-1 抗血清效价测定

抗原	抗血清							
	不稀释	1/2	1/4	1/8	1/16	1/32	1/64	1/128
不稀释	+ + +	+ + +	+ + +	+ +	+ +	+	–	–
1/2	+ + +	+ + +	+ + +	+ +	+ +	+	–	–
1/4	+ + +	+ + +	+ + +	+ +	+ +	+	–	–
1/8	+ + +	+ +	+ +	+ +	+	+	–	–
1/16	+ +	+ +	+ +	+	+	+	–	–
1/32	+	+	+	+	–	–	–	–
1/64	+	+	+	+	–	–	–	–

表中 +～+ + +代表出现沉淀线的浓度。按上表所示，抗血清效价为 1∶32，最佳抗原浓度为 1∶16。

4. 收集血液 颈动脉放血。

(1) 家兔称重，用 3%戊巴比妥(1mL/kg)耳缘静脉麻醉，仰卧于兔架上固定头部，用纱布固定四肢，头部略放低以暴露颈部，剃毛并消毒皮肤。

(2) 沿颈部中线用手术刀切开皮肤约 10cm，分离皮下结缔组织，直至暴露出气管两侧的胸锁乳突肌。

(3) 用直头止血钳分离胸锁乳突肌与气管间的颈三角区疏松组织，暴露出颈总动脉后用弯头眼科镊使之游离，剥离神经和结缔组织。

(4) 于动脉下套入两根黑丝线，分别置于远心端及近心端，结扎远心端的丝线，近心端的动脉用血管夹夹住。

(5) 用小拇指垫在血管下，用尖头眼科手术剪在两根丝线间的动脉壁上剪一小口(勿剪断)，插入塑料放血管。再将近心端的丝线结扎固定于放血管上，以防放血管滑脱。

(6) 松开止血钳，使血液流入容器中。一般一只家兔可放血 100~120mL。

5. 抗血清的分离与保存

(1) 抗血清分离：将采集血液置 37℃温箱 1h，4℃冰箱内 3~4h。待血液凝固为血块后，用毛细滴管吸取抗血清。3000r/min 离心 15min，取上清。保存或应用前必须作鉴定。

(2) 抗血清保存：抗血清的保存有三种方法。第一种是将抗血清除菌后 4℃可保存半年，保存时加防腐剂(最终浓度 0.01%硫柳汞或 0.02%NaN_3)，若加入半量的甘油可延长保存期；第二种是-20℃以下小包装保存，可保存两年以上，防止反复冻融；第三种是冰冻干燥，一般在冰箱中 5~10 年内效价不会明显降低。

【实验结果】

利用蛋白质免疫印迹法或免疫电泳方法检查抗体产生情况。

【注意事项】

(1) 实验动物的抗体反应性个体差异性较大，因此免疫时至少应选用两只以上动物，以便选出高效价者。严禁使用妊娠动物，不能使用有天然抗体的动物。

(2) 抗原的剂量决定于抗原的种类。免疫原性强的抗原剂量应相对较少，免疫原性弱者则较多，在使用佐剂的情况下，一次注入的抗原总剂量以 0.5mg/kg 为宜，不加佐剂时剂量可加大 10 倍。

(3) 免疫方法：采用多途径、多部位的方法，但一次免疫应不超过两种途径。

(4) 硫柳汞、NaN_3 有毒，操作时小心谨慎。

【思考题】

(1) 考核抗血清质量的主要指标有哪些？

(2) 简述多克隆抗体的优缺点。

(3) 佐剂的作用原理是什么？

实验二　单克隆抗体的制备

【实验目的】

(1) 加深对抗体知识的了解。

(2) 熟悉单克隆抗体制备原理及基本过程。

【实验原理】

单克隆抗体的制备是细胞免疫学的一个重要里程碑，它涵盖了细胞培养、细胞融合、动物免疫和抗体效价检测等多方面的内容。该技术是由 Kohler 和 Milstein 于 1975 年提出的，他们把用预定抗原免疫的小鼠脾细胞与骨髓瘤细胞进行融合，得到既能像骨髓瘤细胞一样在体外培养中无限地快速增殖且永生化，又能像脾淋巴细胞那样合成和分泌特异性抗体的B细胞杂交瘤，通过克隆化可得到来自单个杂交瘤细胞的单克隆系，即杂交瘤细胞系，它所产生的抗体是针对同一抗原决定簇的高度同质的抗体，即单克隆抗体(monoclonal antibody，McAb)，简称单抗。单克隆抗体是针对单一抗原决定簇的，因此其Ig属同一类型，具有质地纯一、特异性强、亲合性一致等特点。

如图9-2所示，将免疫小鼠脾细胞与骨髓瘤细胞融合，经在HAT培养基[含有次黄嘌呤(H)、氨基蝶呤(A)和胸腺嘧啶核苷(T)]中进行选择性培养，未融合或自相融合的骨髓瘤细胞合成DNA的主要途径被培养基中的氨基蝶呤阻断，又因缺乏次黄嘌呤-鸟嘌呤-磷酸核糖转移酶(HGPRT)或胸腺嘧啶核苷激酶(TA)，不能利用培养基中的H、T完成DNA的合成过程而死亡；未融合或自相融合的B淋巴细胞虽然具有合成DNA的酶(HGPRT或TA)，但体外培养存活不超过2周。只有融合的杂交瘤细胞由于从脾细胞获得了合成DNA的酶(HGPRT或TA)，因此能在HAT培养基中存活和增殖，从而筛选出继承了两个亲代细胞特性的杂交瘤细胞，经过克隆选择，可筛选出能产生特异性单克隆抗体的杂交瘤细胞，在体内或体外培养，即可无限制地大量制备单克隆抗体。

【实验材料】

(1) 实验细胞：小鼠脾细胞、骨髓瘤细胞系。

(2) 实验器材：离心机、恒温CO_2培养箱、水浴锅、微量加样器、细胞计数板、96孔板、10mL和50mL沉淀管、离心管、吸管、试管、手术器械、注射器、不锈钢筛网等。

(3) 实验试剂：红细胞裂解液、RPMI1640培养液、完全培养液、2.5%和10%的FCS-1640液、HAT选择培养液、50%PEG4000。

【实验方法】

1. 饲养细胞制备 体外细胞培养时，单个或数量很少的细胞不易存活和增殖，必须加入其他细胞才能使其存活并增殖，加入的活细胞称为饲养细胞。在杂交瘤细胞筛选、克隆化和扩大培养等环节中，均需要饲养细胞。饲养细胞的来源最好是与免疫小鼠同品系者，也可为其他种类(如C57鼠、昆明小白鼠等)。常用的饲养细胞有小鼠腹腔巨噬细胞、小鼠脾脏或胸腺细胞，一般选用小鼠腹腔巨噬细胞，饲养细胞的浓度为10^4~10^5个/孔。

(1) 颈椎脱臼法处死小鼠，75%乙醇浸泡消毒10min，剪开皮肤暴露腹膜，用9号针头注射器腹腔注入6mL预冷的RPMI1640培养液。

(2) 手指轻揉腹部1min，用注射器回抽腹腔液体，放入10mL离心管中，1000r/min离心10min，弃上清。

(3) 用HAT选择培养液洗涤1次，弃上清。

(4) 以HAT选择培养液将细胞制成1×10^5个/mL悬液，100μL每孔接种于96孔板，置37℃、5% CO_2培养箱内培养备用。

2. 免疫脾细胞制备 选择合适的免疫方案对于细胞融合杂交的成功，获得高质量的McAb至关重要，一般在融合前两个月左右根据确定的免疫方案开始初次免疫；免疫动物选用8~12周龄纯种BALB/C小鼠。

(1) 末次免疫3天后颈椎脱臼处死小鼠，在超净台中取脾脏，1640培养液冲洗1次；

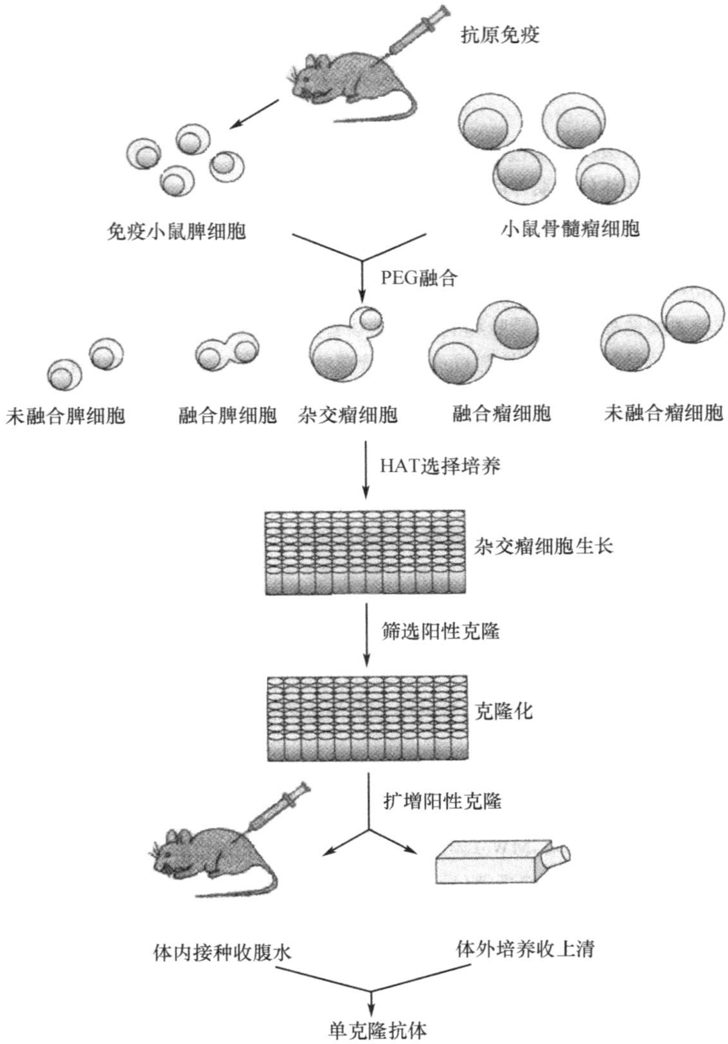

图 9-2 单克隆抗体的制备示意图

(2) 研磨脾脏，经 100 目、200 目、600 目不锈钢筛网过滤，制成脾细胞悬液，用 1640 培养液洗涤 2 次，1000r/min 离心 10min，弃上清。

(3) 将细胞弹起，加入 1mL 红细胞裂解液裂解红细胞，1000r/min 离心 10min，弃上清。

(4) 用 1640 培养液洗涤 2 次，细胞计数，调整脾淋巴细胞浓度为 1×10^7 个/mL 备用。

3. 骨髓瘤细胞制备 应选用杂交融合率高(与免疫动物属同一品系)、HGPRT 缺陷株、自身不分泌免疫球蛋白、稳定易培养的细胞株，最常用的有 SP2/0 和 NS-1。骨髓瘤细胞的培养可用 RPMI1640、DMEM 等一般培养基。

(1) 收集对数生长期的骨髓瘤细胞，1500r/min 离心 10min。

(2) 用 1640 培养液洗涤 2 次，细胞计数，调整细胞浓度为 1×10^6 个/mL 备用。

4. 细胞融合

(1) 取 10mL 脾细胞和 1~2 mL 小鼠骨髓瘤细胞在 50mL 离心管中混合，加入 30mL 2.5% FCS1640 培养液，4000r/min 室温离心 3min，使细胞沉淀。

(2) 吸去上清，轻敲管底部或在掌心摇动沉淀管，使沉淀松动。

(3) 将离心管置于37℃水浴中，使其达到融合温度。

(4) 吸取1mL 37℃预热的50% PEG4000，逐滴缓慢(持续2min)滴加，边加边摇沉淀管，之后静置1min。

(5) 逐次加入37℃预温的RPMI1640以终止PEG的助融作用，之后800r/min室温离心3min，使细胞沉淀。

(6) 弃上清，轻敲管底部，加25mL HAT培养液。

5. 融合细胞的接种与选择性培养

(1) 将上述融合细胞加到已有饲养细胞层的96孔板内，每孔100μL，轻摇混匀后置于37℃ 5%CO_2培养箱中培养。

(2) 第3天开始，用HAT培养液每2~3天半量换液1次。

(3) 第10~20天时，吸取上清，检查上清中是否有抗体。

(4) 传代过程中依情况取消HAT液和完全1640液，换用HT培养液，维持2周，再改用10% FCS1640液。

6. 杂交瘤的克隆化 克隆化的目的是获得单一细胞系的群体，一般是将抗体阳性孔进行克隆化。克隆化的方法很多，最常用的是有限稀释法。

(1) 按照上述方法制备饲养细胞层备用。

(2) 将要克隆化的杂交瘤细胞计数，按10^5个/mL、10^4个/mL、10^3个/mL、10^2个/mL的密度用RPMI1640作系列稀释，之后用HT培养液调整细胞浓度为3~10个/mL。

(3) 取制备饲养细胞层的培养板，每孔加入稀释细胞100μL(理论上每孔0. 5~1个细胞)，37℃ 5% CO_2培养箱中培养。

(4) 第3天时换液，以后每2~3天半量换液1次。

(5) 第8~9天时可见细胞克隆形成，及时检测抗体活性。

(6) 将阳性孔的细胞移至24孔板中扩大培养。

(7) 必要时再克隆化。

【实验结果】

1. 抗体特异性的鉴定 除用免疫原(抗原)进行抗体的检测外，还应该用与其抗原成分相关的其他抗原进行交叉实验，方法可用ELISA、IFA法。

2. McAb的Ig类与亚类的鉴定 一般在用酶标或荧光素标记的第二抗体进行筛选时已经基本上确定了抗体的Ig类型。如果用的是酶标或荧光素标记的兔抗鼠IgG或IgM，则检测出来的抗体一般是IgG类或IgM类。至于亚类则需要用标准抗亚类血清系统做双扩或夹心ELISA来确定。在做双扩实验时，如加入适量的PEG(3%)，更有利于沉淀线的形成。

3. McAb中和活性的鉴定 用动物或细胞的保护实验来确定McAb的生物学活性。例如，如果确定抗病毒McAb的中和活性，则可用抗体和病毒同时接种于易感的动物或敏感的细胞，来观察动物或细胞是否得到抗体的保护。

4. McAb识别抗原表位的鉴定 用竞争结合实验，测相加指数的方法，测定McAb所识别抗原位点，来确定McAb的识别的表位是否相同。

5. McAb亲和力的鉴定 用ELISA或RIA竞争结合实验来确定McAb与相应抗原结

合的亲和力。

【注意事项】

(1) 在实验准备阶段，应选择确定一种稳定、有效、方便、快速的方法检测所制备单克隆抗体。

(2) 克隆化过程中，会出现细胞大量死亡的状况，及时冻存克隆化的细胞非常重要。

【思考题】

(1) 单克隆抗体的优缺点是什么?

(2) 单克隆抗体的制备需做到哪“三要”、“三不要”?

(陈　俊)

第十章　免疫印迹

免疫印迹(Western blotting)是在蛋白质电泳分离和抗原抗体检测的基础上发展起来的一项检测蛋白质的技术。免疫印迹包括三个步骤：蛋白质的 SDS-PAGE 电泳分离、电转移及酶免疫定位。本法综合了 SDS-PAGE 的高分辨力和固相免疫测定的高特异性和敏感性，是一种有效的分析手段，广泛应用于分析抗原组分及其免疫活性、疾病的诊断等方面。

实验一　SDS－PAGE 分离纯化蛋白质

【实验目的】

掌握 SDS-PACE(聚丙烯酰胺凝胶垂直板电泳)的原理与操作方法。

【实验原理】

聚丙烯酰胺凝胶是由单体丙烯酰胺(简称 Acr)和交联剂 N,N-甲叉双丙烯酰胺(简称 Bis)在催化剂四甲基乙二胺(TEMED)和化学聚合的引发剂过硫酸铵(AP)或核黄素的作用下聚合交联成的三维网状结构凝胶，该结构中不带电荷，在电场中电渗现象极微小，可通过调节聚集单体和交联剂比例来控制网孔的大小，以此凝胶作为载体的区带电泳称为聚丙烯酰胺凝胶电泳(polyacrylamide gel electrophoresis，PAGE)，是目前对蛋白质进行分离、纯度鉴定及相对分子质量测定的主要方法之一。

十二烷基磺酸钠(SDS)是一种强阴离子去污剂，在 SDS-PAGE 中，所有蛋白质都被 SDS 完全变性，成伸展状态(即具相同的形状)，具有相似的荷质比，蛋白质在电场中的移动速度完全决定于其相对分子质量的大小。SDS-PAGE 通常在不连续缓冲系统中进行，其电泳缓冲液离子强度和 pH 与制胶缓冲液不同，两层凝胶的孔径不同，在电场中形成不连续的电位梯度，因而集浓缩、分子筛和电荷效应为一体，具有更高的分辨率。

【实验材料】

(1) 动物血清或蛋白提取液。

(2) 试剂：30.8%胶母液、pH8.9 分离胶缓冲液、pH6.7 浓缩胶缓冲液、1%(*W*/*V*)TEMED、10%(*W*/*V*)过硫酸铵、pH8. 3 的 Tris-Glycine 电泳缓冲液、2×SDS 凝胶上样缓冲液、考马斯亮蓝快速染色液、蛋白质分子量标准品。

(3) 器材：垂直板型电泳槽、电泳仪、高速离心机、玻璃微量进样器(50μL 或 100μL)、量筒、玻棒、大培养皿等。

【实验方法】

1. 安装垂直板电泳装置　常用电泳槽由两个“半槽”和凝胶模子(成套的两块玻璃板＋硅酮橡胶模套)构成，硅酮橡胶套决定两玻璃板之间距离约为 1.5mm，形成一个“胶室”，胶就在胶室内聚合。清洗玻璃板，晾干后正确放入硅胶条中，夹在电泳槽里，按对角线顺序均匀用力旋紧固定螺丝，避免夹碎玻璃板或缓冲液渗漏。安装好电泳槽用 pH8.9 缓冲液配制的 1.5%琼脂溶液封底，待琼脂凝固后即可灌制凝胶。

2. 制备 SDS-PAGE 聚丙烯酰胺凝胶　按表 10-1 所列试剂用量和加样顺序配制凝胶。

表 10-1 不连续系统不同浓度凝胶配制用量表

分离胶浓度 试剂名称		配制 15mL 不同浓度分离胶所需试剂量/mL					配制 5mL 4%浓缩胶/mL
		7.5%	10%	12%	15%	20%	
分离胶	30.8%胶母液	3.7	5	6	7.5	10	
	pH8.9 Tris-HCl	1.8	1.8	1.8	1.8	1.8	
浓缩胶	30.8%胶母液	—	—	—	—	—	0.7
	pH6.7 Tris-HCl	—	—	—	—	—	0.6
	10% SDS	0.2	0.2	0.2	0.2	0.2	0.1
	10% TEMED	0.1	0.1	0.1	0.1	0.1	0.05
	蒸馏水	9.0	7.6	6.6	5.1	2.6	3.5
以上储备液加入后混匀，为了去除抑制凝胶聚合的氧，AP 加入之前进行抽气处理，本实验将此步省略并不影响实验结果							
	10%过硫酸铵(Ap)	0.2	0.2	0.2	0.2	0.2	0.05

配制分离胶(15mL)：按比例混合分离胶，混匀后用滴管加至胶室内，胶高度距样品槽模板梳齿下缘约 1cm。用 1mL 注射器在凝胶表面沿短玻璃板边缘轻轻加一层双蒸水(3~8mm)进行水封，以隔绝空气，使胶面平整。30~60min 凝胶完全聚合，可看到水与凝固的胶面有折射率不同的界线。吸去分离胶胶面顶端的水封层，用滤纸条吸干残存的液体。

配制浓缩胶：按比例混合浓缩胶，混匀后用滴管将凝胶加到分离胶上方，至距短玻璃板上缘 0.2cm，轻轻插入样品槽模板梳，避免产生气泡，静置约 60min，出现明显界面表示聚合完成。拔去梳子，用电泳缓冲液冲洗加样孔，以去除未聚合的丙烯酰胺。

3. 样品处理及上样 电极上槽和下槽内分别加电泳缓冲液，电极上槽(即铂金丝在上方的半槽)内所加缓冲液必须高于铂金丝。在 EP 管中加入蛋白提取液 16mL，2×上样缓冲液 8mL，充分混匀，与蛋白质分子量标准品一起置 100℃沸水中煮 5min，用微量加样器上样 10~25μL/样品槽(样品不能超出凹形样品槽，槽中不能有气泡)。为了便于比较蛋白电泳结果和免疫印迹结果，采取对称加样。

4. 电泳 上槽接负极，下槽接正极，打开电泳仪开始电泳。一般样品进入分离胶前电流控制在 15~20mA(电压为 80V)，持续 30~60min；待样品进入分离胶后，将电流调到 20~30mA(电压为 150V)，保持电流强度不变。待指示染料迁移至距下沿 0.5~1cm 处时，停止电泳，需 3~4h。

5. 染色 电泳结束，将胶放入盛有 50~100mL 蒸馏水的大培养皿中洗涤 3 次，每次摇床上摇动 5min，以充分去除凝胶中的 SDS 所致干扰背景。弃蒸馏水，加考马斯亮蓝快速染色液(以盖过凝胶，且液面高出三个胶的厚度为宜)染色，1~2h 几乎所有的蛋白染色带均到达峰值，停止染色。弃染色液，加适量蒸馏水停止染色反应，尽快拍照记录。

【注意事项】

(1) 凝胶的选择：一般丙烯酰胺与交联剂的比例越低，越易转印。超薄胶转移的速度快，而且彻底。应根据目的选择厚度、大小均适合的凝胶。若想寻求蛋白质的最佳分辨力，长胶的效果较好，使较大相对分子质量的蛋白质更好地分离。若想达到最大的灵敏度，胶的厚度可增加到 1.5mm，并且在不发生变性的前提下，尽量提高蛋白质的上样量。若考虑分离速度，可选用微型胶，厚度约 0.5mm。

(2) 凝胶浓度的选择与被测蛋白质相对分子质量范围密切相关，如表 10-2 所示。

表 10-2 SDS－PAGE 的有效分离范围

丙烯酰胺*浓度	线性分离范围(kD)
15	12~43
10	16~68
7.5	36~94
5.0	57~212

* 单体丙烯酰胺(Acr)和 N，N-甲叉双丙烯酰胺(Bis)的摩尔比为 29：1。

(3) 过硫酸铵(Ap)临用前配制，盛于棕色瓶中冰箱保存，使用期不超过一星期。因 Ap 易被氧化失效，最好用近期生产的，否则可先将表面一层去掉，尽量取下层称量。溶于水中时，要听到有轻微的啪啪响声。

(4) 测定蛋白质处于非变性条件下的大小一般可用排阻层析、沉降平衡超速离心或孔径梯度聚丙烯酰胺凝胶电泳等方法进行。

【思考题】

酶联免疫吸附测定和蛋白质印迹在操作方法及应用上有何异同点?

实验二 蛋白质免疫印迹

【实验目的】

掌握蛋白质免疫印迹的原理和方法。

【实验原理】

免疫印迹(Western blotting)是将蛋白质经凝胶电泳分离后，从凝胶电转印到固相支持物(如硝酸纤维素膜)上，然后用特异性的抗体进行检测。蛋白质转膜后，先用蛋白质溶液封闭膜上剩余的疏水结合位点，再用抗待检蛋白质的抗体作为探针与之结合，洗涤，将膜与标记的二抗结合，洗涤，通过放射自显影或原位酶反应来确定抗原－抗体－抗抗体复合物在膜上的位置和丰度。蛋白质电转印的方法有湿转印和半干转印两种，可根据实验室条件来选择。下面以湿转印法为例来介绍。

【实验材料】

(1) IgG 标准品、辣根过氧化物酶(HRP)标记的羊抗人 IgG 抗体。

(2) 转移缓冲液、TBS、漂洗液(TTBS)、封闭液、DAB 显色液、脱色液、氨基黑染色液。

(3) 转移电泳仪、硝酸纤维素(NC)膜、滤纸、剪刀、手套、小尺、培养皿等。

【实验方法】

1. 样品的 SDS-PAGE 检测 按 SDS-PAGE 实验的操作步骤进行。采取对称加样，电泳结束时，一份用于免疫鉴定，一份用于蛋白染色显带，以利于相互对比，分析实验结果。

2. 转移印迹

(1) 转移前准备：将滤纸、NC 膜剪成与胶同样大小，NC 膜先浸入蒸馏水中 10~20min，再浸入转移缓冲液中平衡 30min 。

(2) 凝胶平衡：将电泳后的 SDS-PAGE 胶板置于转移缓冲液中平衡 30~60min。按“凝胶三明治”结构(海绵垫-滤纸-凝胶-NC 膜-滤纸-海绵垫)逐层铺平，各层之间勿留有气泡和皱折(图 10-1)。

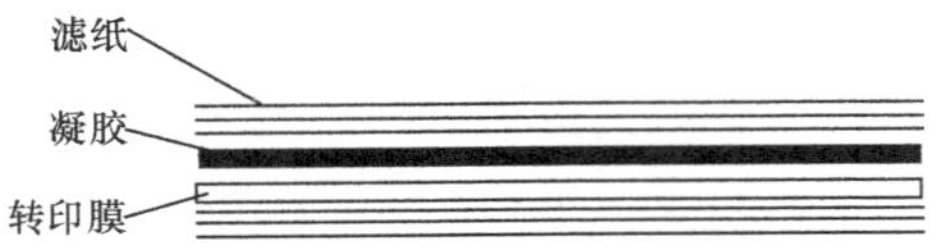

图 10-1 “凝胶三明治”结构示意图

(3) 装入转印夹中，转印时凝胶侧接负极，NC 膜侧接正极，可将转印电泳槽置冰浴中，200mA 恒流转印 1h。

(4) 转印结束后，按加样孔的位置，剪下蛋白质分子量标准品的膜条用氨基黑染色，观察转印效果。其余 NC 膜浸入封闭液中，4℃过夜。

(5) TBS 洗膜 1~2 次，每次 10min。

(6) 加 HRP 标记的抗体，室温振摇 1h。

(7) TBS 洗 3 次，每次 10min。

(8) 将 NC 膜浸入 DAB 底物显色液中，置暗处反应，待显色反应达到最佳程度时，立即用三蒸水或双蒸水洗涤终止反应。

【注意事项】

(1) Tris-甘氨酸转移缓冲液 pH 为 8. 3，比大多数蛋白质的等电点(pI)要高。蛋白质带净负电荷并向阳极迁移。常用于湿转。

(2) 影响免疫印迹成败的一个主要因素是抗原分子中可被抗体识别的表位的性质，只有那些能识别耐变性表位的抗体可与抗原结合。多数多克隆抗血清中或多或少地含有这种抗体，所以在免疫印迹实验中常选用多克隆抗体。而多数单克隆抗体不能与变性抗原反应，其识别的表位依赖于抗原蛋白正确折叠所形成的三维结构构象。

(3) 常用提高免疫印迹灵敏度的方法：在电泳前应用免疫沉淀法将极低浓度抗原进行纯化和浓缩；可使用三重检测系统增强信号的强度，例如，使一抗、二抗和三抗相继与抗原结合形成复合物，使得结合物中标记抗体分子的数量增多。

【思考题】

蛋白质含量的测定都有哪几种方法，适用情况及优缺点有哪些？

(彭吉林)

第十一章　免疫共沉淀

免疫共沉淀(co-immunoprecipitation， IP)是以抗体和抗原之间的专一性作用为基础的用于研究蛋白质相互作用的经典方法，是确定两种蛋白质在完整细胞内生理性相互作用的有效方法。

【实验目的】

了解免疫共沉淀的原理及实验方法。

【实验原理】

当细胞在非变性条件下被裂解时，完整细胞内存在的许多蛋白质-蛋白质间的相互作用被保留了下来。如果用蛋白质 X 的抗体免疫沉淀 X，那么与 X 在体内结合的蛋白质 Y 也能沉淀下来。protein A/G 是从金黄色葡萄球菌中提取的蛋白质，A 蛋白和 G 蛋白均具有与 IgG 的 Fc 段结合的能力。将 protein A/G 预先结合固化在 agarose beads(琼脂糖微球)上，使之与含有诱饵蛋白和目标猎物蛋白的溶液及抗体反应后，形成复合物沉淀，经变性聚丙烯酰胺凝胶电泳及 Western blotting，通过抗目标猎物蛋白的特异性抗体检测目的蛋白(图 11-1)。

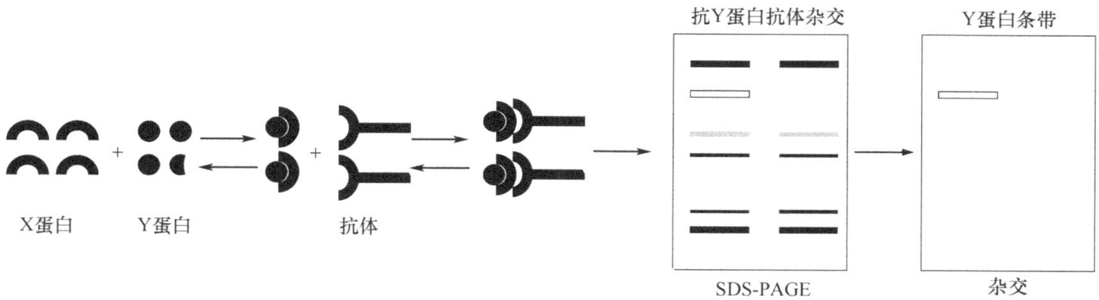

图 11-1　免疫共沉淀原理图

【实验材料】

(1) 改良的 RIPA 液(细胞裂解液)、稀释缓冲液(常用 PBS 溶液)、0. 05mol/L Tris(pH6. 8)、2×SDS 蛋白上样缓冲液等。

(2) 抗诱饵蛋白和目标猎物蛋白的抗体。

(3) protein A/G 与 agarose beads 交联物。

【实验方法】

(1) 转染后 24~48h 收获细胞，用冰冷的 PBS 溶液洗涤贴壁细胞 2 次，弃干净 PBS(对于悬浮细胞则用台式离心机以 800~1000r/min 转速通过离心洗涤)。加入适量细胞裂解缓冲液(含蛋白酶抑制剂)，冰上裂解 30min。

(2) 于 4℃，14 000×*g* 离心裂解液 15min，迅速转移上清至另一离心管中，弃掉沉淀。

(3) 取少量裂解液以备 Western blotting 分析，剩余裂解液加 1μg 相应的抗体加入到细胞裂解液，4℃缓慢摇晃孵育过夜。

(4) 取 10μL protein A 琼脂糖珠，用适量裂解缓冲液洗 3 次，每次 3000r/min 离心 3min。

(5) 将预处理过的 10μL protein A 琼脂糖珠加入到和抗体孵育过夜的细胞裂解液中 4℃

缓慢摇晃孵育 2~4h，使抗体与 protein A 琼脂糖珠偶联。

(6) 免疫沉淀反应后，在 4℃以 3000r/min 速度离心 3min，将琼脂糖珠离心至管底；将上清小心吸去，琼脂糖珠用 1mL 裂解缓冲液洗 3~4 次；最后加入 15μL 的 2 × SDS 上样缓冲液，沸水煮 5min。

(7) SDS-PAGE。

【实验结果】

若已知目的蛋白，可进行 Western blotting 检测有无目的蛋白条带；若是未知蛋白可运用质谱仪分析鉴定其成分。

【注意事项】

(1) 细胞裂解采用温和的裂解条件，不能破坏细胞内存在的所有蛋白质-蛋白质相互作用，多采用非离子变性剂(NP40 或 Triton X-100)。每种细胞的裂解条件是不一样的，通过经验确定。不能用高浓度的变性剂(0.2% SDS)，细胞裂解液中要加各种酶抑制剂。

(2) 确保共沉淀的蛋白质是由所加入的抗体沉淀得到的，而并非外源非特异蛋白，单克隆抗体的使用有助于避免污染的发生。

(3) 要确保抗体的特异性，即在不表达抗原的细胞溶解物中添加抗体后不会引起共沉淀。

(4) 确定蛋白质间的相互作用是发生在细胞中，而不是由于细胞的溶解才发生的，这需要进行蛋白质的定位来确定。

【思考题】

蛋白质相互作用的研究方法主要有哪些？

(彭吉林)

第十二章　免疫 PCR 技术

免疫 PCR (immuno-PCR，Im-PCR) 是利用抗原抗体反应的特异性和 PCR 扩增反应的极高灵敏性而建立的一种微量抗原检测技术。免疫 PCR 是在 ELISA 的基础上建立起来的新方法，用 PCR 扩增代替 ELISA 的酶催化底物显色。其突出的特点是指数级的扩增效率带来了极高的敏感度，能检出浓度低至 2ng/L 的抗原物质，为现行任何一种免疫定量方法所不及。

【实验目的】

了解免疫 PCR 的原理、方法及注意事项。

【实验原理】

免疫 PCR 主要由两个部分组成，第一部分的免疫反应类似于普通的酶联免疫吸附实验(ELISA)的测定过程；第二部分即通常的 PCR 检测，抗原分子的量最终由 PCR 产物的多少来反映。第一步中，首先用待测抗原[如牛血清白蛋白(BSA)]包被微滴板孔，再加入相应的特异抗体，于是抗体就与固相上的抗原结合形成抗原抗体复合物，蛋白质 A-链亲和素(protein A-streptavidin)嵌合体(重组融合蛋白)中的蛋白质 A 部分可与固相上抗原抗体复合物中的抗体 IgG 结合，而链亲和素部分可与生物素化的 pUC19(质粒 DNA)(biotin-pUC19)中的生物素反应，从而将特定的 DNA 间接吸附于固相。接下来，就是第二步中的 PCR 过程，第一步中吸附于固相的 pUC19 质粒 DNA 在相应的引物存在下，可经 PCR 在几小时内而放大数百万倍，PCR 产物的多少与固相上抗原的量成正比。

【实验材料】

(1) 待检抗原：直接吸附于固相(包被抗原)，这一过程与 ELISA 实验是相同的。

(2) 特异抗体：一般均选用单克隆抗体，这个抗体常采用生物素标记，通过亲和素再结合 DNA。

(3) 连接分子：连接分子是连接特异抗体与 DNA 之间的分子。链亲和素-蛋白质 A (striptavidin-protein A)基因工程融合体作为连接分子来连接生物素标记的 DNA 与抗体，此种融合蛋白的链亲和素部分可识别 DNA 上的生物素，蛋白质部分可识别抗体的 Fc 段。

(4) DNA 和 PCR 系统：免疫 PCR 中的 DNA 是一指示分子，用 DNA 聚合酶将结合于固相上的 DNA 特异放大，由此定量检测抗原。DNA 的生物素化是用生物素标记的 dATP 或 dUTP 通过聚合酶标记在 DNA 分子上，一般是 1 个分子 DNA 标记 2 个生物素，标记率可达百分之百。

【实验方法】

1. 生物素标记特异性抗体的制备　免疫球蛋白(如 IgG、IgM)的 Fc 片段上有糖基存在，因而可用能与糖基结合的 Biotin-hydrazide 作生物素标记。

(1) 将纯化的抗体(IgM 或 IgG，0.1~1.0mL)在标记缓冲液(0.1mol/L NaAc，pH5.5，0.1mol/L NaCl)中 4℃透析过夜。

(2) 吸取 0.5mL 至微量离心管中，加过碘酸钠溶液至终浓度为 10mmol/L，置冰浴上于暗处孵育 30min，使抗体分子上的糖基氧化。

(3) 将氧化的抗体过 PBS 平衡的 Sephadex G25 PD-10 预装柱，使之与过碘酸钠分开。收集蛋白峰。

(4) 向抗体管中加入 Biotin-LC-hydrazide(Pierce)至终浓度 5mmol/L，置混摇器上室温孵育 1h。

(5) 用含 0. 02% NaN_3 的 PBS 平衡 Sephadex G25 预装柱，将生物素标记的抗体分子过柱与游离的生物素分开。收集蛋白峰，保存−20℃。

2. 生物素标记 DNA 片段的制备 作为将与抗体偶联的报告 DNA 片段，应确保在待测抗原来源的机体 DNA 中无同源序列，如可选用大肠杆菌的序列作为报告 DNA 去检测人源的标本。DNA 片段大小为 300~500bp，生物素标记可采用 PCR 方法，根据报告 DNA 的核苷酸序列合成一对引物，其中一个引物的 5′ 端碱基上带有生物素标记。

在 0.5mL PCR 管中按表 12-1 将下列试剂混合。混匀后上面覆盖液体石蜡。

表 12-1 PCR 系统组成

试剂	添加量	终浓度
10×PCR 缓冲液	10. 0μL	1×
2. 5mmol/L 4dNTP 混合物	8. 0μL	0. 2mmol/L
50μmol/L 生物素标记的上游引物	1. 0μL	0. 5μmol/L
50μmol/L 生物素标记的下游引物	1. 0μL	0. 5μmol/L
15mmol/L 模板 DNA	1. 0μL	1. 0μg
Taq DNA 聚合酶	1. 0μL	5U
加水至	100μL	

95℃加热 5min，然后在 PCR 仪上按下列程序扩增：94℃ 1min；55℃ 1min；72℃ 1min；40 个循环。最后 72℃延伸 10min。加等量酚-氯仿抽提，然后加 10μL 3mol/L KAc，250μL 无水乙醇，置−70℃ 30min。离心沉淀 DNA 片段，用 70%乙醇洗 1 次。将沉淀 DNA 干燥后溶于 TE 缓冲液中，保存在−20℃。

3. 制备抗体-亲和素-DNA 复合物 将生物素标记的抗体与亲和素按等分子浓度混合于含有 1mg/mL BSA 的 PBS 中，室温孵育 30min，再加入 2 倍分子浓度的生物素标记的 DNA 片段，继续孵育 30min，最后加入 10 倍分子浓度的生物素，将亲和素分子上的结合部位饱和。最后过凝胶过滤柱将复合物与未结合的单体分开，加入 BSA 达 1mg/mL，分装后冻存于−20℃。

4. 免疫 PCR

(1) 按常规 ELISA 方法，用饱和缓冲液稀释抗原，加到 96 孔塑料板或 0. 5mL PCR 管中，4℃过夜。

(2) 用 PBS 洗 3 次，然后每孔加 200μL 封闭液(PBS 含 10mg/mL BSA、1mg/mL 鱼精 DNA)，室温孵育 30min。

(3) 用 TETBS(其配方：20mmol/L EDTA、0. 02% NaN_3)洗 3 次。

(4) 将抗体-亲和素-DNA 复合物稀释于含有 1mg/mL BSA 和 0. 1mg/mL 鱼精 DNA 的 TETBS 中，每孔加 50μL，室温孵育 1h。

(5) 用 TETBS 洗 5 次，然后将塑料板或管倒置在吸水纸上拍打以控干水分。

(6) 每管中加 50μL PCR 反应液，含有表 12-2 成分，混匀后上面覆盖液体石蜡。

表 12-2　PCR 反应液

试　剂	添加量	终浓度
10 × PCR 缓冲液	5. 0μL	1×
2. 5mmol/L 4dNTP 混合物	4. 0μL	0. 2mmol/L
50μmol/L 生物素标记的上游引物	0. 5μL	0. 5μmol/L
50μmol/L 生物素标记的下游引物	0. 5μL	0. 5μmol/L
15mmol/L $MgCl_2$	5. 0μL	1. 5μg
Taq DNA 聚合酶	0. 5μL	2. 5U
加水至	50μL	

95℃加热 5min，然后在 PCR 仪上按下列程序扩增 35 个循环：94℃　1min；55℃　1min；72℃　1min。最后 72℃延伸 10min。

【实验结果】

最基本的显示方法是凝胶电泳法。PCR 产物(每管取 5μL)经琼脂糖或聚丙烯酰胺凝胶电泳后，EB 染色，紫外线灯下观察或照相，出现特异性扩增带为阳性。放射性标记的扩增产物可通过放射自显影定量测定，最近用自动 DNA 测序仪检测荧光标记的核酸，这种方法可准确测量扩增产物的大小，而且其检测灵敏度达 fg 水平。

【注意事项】

(1) 本实验的关键步骤是获得适当的抗体-DNA 复合物。用链亲和素将生物素标记的抗体与生物素标记的 DNA 偶联的方法，因每个链亲和素分子可与四个生物素分子结合，因此要优化反应条件，以使得每个链亲和素分子既能结合上抗体分子，又能结合上 DNA 片段。

(2) 免疫 PCR 具有高敏感性。因此，抗体和标记 DNA 的任何非特异性结合均可导致严重的本底问题。因而在加入抗体和标记 DNA 后必须尽可能彻底地清洗。即使有些特异性结合的抗体或标记 DNA 被洗掉了，亦可在最后通过增加 PCR 的循环次数得到弥补。此外，应用有效的封闭剂对防止非特异性结合也是非常重要的。可用脱脂奶粉和牛血清白蛋白作为蛋白封闭剂，用鱼精 DNA 作为核酸封闭剂。防止本底信号的另一个重要因素是控制污染，这也是所有敏感的检测系统存在的问题。即使每一步实验都做得非常认真，重复使用同样的引物和标记 DNA 均会产生假阳性信号。

【思考题】

简述免疫 PCR 的优缺点。

(彭吉林)

第十三章　HLA 分型技术

【实验目的】

(1) 熟悉 HLA 分型技术的方法类型、原理和用途。

(2) 掌握 HLA 基因分型技术要点。

【实验原理】

HLA 是目前所知的人体最复杂的遗传多态性系统，有几十个基因座位，每个基因座位又有几十个等位基因，且呈共显性表达。HLA 研究涉及免疫学、生物学、遗传学、分子生物学、医学等多个学科，并已发展成为一个独立的学科分支。迄今 HLA 研究已达到相当深入的水平，并在诸多方面取得显著进展，包括 HLA 复合体结构；HLA 分子结构及其表达的调控；HLA 分子功能，尤其是在抗原处理、呈递及 T 细胞识别中的作用；HLA 分型及多态性研究；HLA 与疾病的关系；HLA 与移植的关系等。其中，HLA 分型并不只是一种应用性的临床检测指标，免疫遗传学研究的发展，很大程度上依赖于以分型为主要手段的 HLA 多态性分析。纵观 HLA 的研究过程，其发展无不与技术手段的突破与运用有密切关系。20 世纪 70 年代到 80 年代末期主要是血清学研究；90 年代以来，HLA 进入了分子水平研究阶段，进展尤为显著。HLA 分型技术同样走过了这一历程。建立于 60 年代并不断完善的血清学及细胞学分型技术主要侧重于分析 HLA 产物特异性。

血清学分型借助的是微量淋巴细胞毒实验或称补体依赖的细胞毒实验，存在诸多缺点：①标准分型抗体亲和力较弱、效价较低、易产生交叉反应；②缺少某些单价抗血清；③某些病理过程可能导致外周血淋巴细胞表面抗原性质发生改变，干扰抗原-抗体反应。上述因素均严重影响了 HLA 分型结果的可靠性及该技术的推广应用。

细胞学分型技术指的是通过纯合分型细胞及预致敏淋巴细胞实验对 HLA 分型。两种方法的基本原理均是判断淋巴细胞在识别非己 HLA 抗原决定簇后发生的增殖反应。由于分型细胞来源困难及操作手续烦琐，细胞学分型技术逐渐淘汰。

1991 年第 11 届国际 HLA 专题讨论上提出了 HLA 的 DNA 分型方法，这类方法近年来在研究和应用方面发展非常快。DNA 分型方法主要分为两种：基于核酸序列识别的方法和基于序列分子构型的方法。本实验主要了解基于核酸序列识别的 RCR-SSP 法。RCR-SSP 方法基本原理为设计出一整套等位基因组特异性引物(sequence specific primer，SSP)，借助 RCR 技术获得 HLA 型别特异的扩增产物，通过电泳直接分析带型决定 HLA 型别。

本实验以与强直性脊柱炎相关联的 HLA-B27 为例，采用 RCR-SSP 方法检测 HLA-B27 基因。

【实验材料】

(1) 引物及标本：根据 1995 年国际组织相容性专题组织公布的 HLA-Ⅰ类抗原核苷酸序列，设计 HLA-B27 特异性引物，上游引物为 5′-CAGTCTGTGCCTTGGCGTTGC-3′，下游引物为 5′-GGCTACGTGGACGACACGCT-3′，RCR 产物大小为 144bp；内源性阳性对照引物，上游引物为 5′-TGCCAAGTGGACCACCAA-3′，下游引物为 5′-GCATCTTGCTCTGTGCAGAT-3′，

RCR 产物大小为 434bp；若干例来源于临床怀疑有强直性脊柱炎患者血液标本。

(2) 实验器材：RCR 扩增仪、电泳仪、凝胶图像分析仪、微量加样器等。

(3) 实验试剂：DNA 聚合酶、dNTP、DNA 分子量 Maker、琼脂糖、白细胞裂解液等。

【实验方法】

1. 基因组 DNA 的制备 取构橼酸钠抗凝外周血 0.5mL 采用标准盐析法提取基因组 DNA，并分别测取其浓度和纯度。具体步骤如下。

(1) 500μL 抗凝血加红细胞(RBC)裂解液 900μL，混匀 4000r/min 离心 1min，弃上清，重复 2~3 次。

(2) 往洗净的白细胞团块中加白细胞裂解液，混匀后，55°C 水浴 30min。

(3) 冷却至室温后加 100μL 饱和 NaCl 溶液混匀 15s，13 000r/min 离心 6min。

(4)将离心后的上清转入另一 EP 管中，然后 13 000r/min 离心 3min。

(5)再将离心后的上清转入另一 EP 管中，加无水乙醇 1mL，轻轻颠倒几次，可见絮状沉淀，再 13 000r/min 离心 6min。

(6) 弃上清，加 70%乙醇 500μL，轻轻颠倒几次，再 13 000r/min 离心 6min。

(7) 弃上清，干燥 DNA，加无菌水 20~50μL 溶解基因组 DNA，测定浓度，备用。

2. PCR 扩增 反应总体系为 25μL，其中包括 80~300ng 模板 DNA，1.5mmol/L 的 Mg^{2+}，2.0μmol/L 的 dNTP 2. 5μL，内参和特异性引物最终浓度为 0. 4μmol/L，10 × *Taq* 酶 buffer 2.5μL，*Taq* 酶 0.5U，其余用水补足。扩增条件如下：

96℃预变性 5min

96℃变性 35s
70℃退火 55s
72℃延伸 55s } 5 个循环

96℃变性 35s
65℃退火 55s
72℃延伸 55s } 21 个循环

96℃变性 35s
55℃退火 70s
72℃延伸 130s } 10 个循环

72℃延伸 10min

3. 琼脂糖凝胶电泳及结果判断 用 0. 5 × TBE 配制 1. 5%琼脂糖凝胶，待冷却至 70°C 左右时加入 Goldview 溶液，使其终浓 0.5μg/mL；铺胶，待其冷却后，取 10μL RCR 产物在 5V/cm 条件下电泳，用 DNA 分子量 Marker 为标准，凝胶成像仪观察相应位置是否有目的条带出现。

【实验结果】

(1) 所有标本均应有 1014bp 的内参基因扩增条带，该条带存在说明 DNA 模板和 RCR 反应正常。

(2) 有 145bp 的条带出现说明样本含有 B27 基因序列。

(3) 无 145bp 的条带出现说明样本未检测到 B27 基因序列。

【注意事项】

(1) 基因组 DNA 的纯度对后续 RCR 的进行非常重要，因此须确保所提取的 DNA 的纯度。

(2) RCR 扩增仪有些不具有热盖功能，因此需在 RCR 混合物之上加入约 10μL 的液体石蜡，防止反应过程中液体蒸发后影响整个反应体系而不利于反应的进行。

【思考题】

(1) 简述 HLA 分型技术的方法类型、原理和用途。

(2) 简述 RCR-SSP 用于 HLA 分型的原理。

(陈　俊)

第十四章　超敏反应动物模型

超敏反应指机体对抗原进行适应性免疫应答(包括体液和细胞免疫)的过程中导致炎症性损伤的现象。过敏反应和变态反应是超敏反应的特殊表现形式。根据超敏反应的免疫机制将其归纳为Ⅰ~Ⅳ四种类型。Ⅰ型是 IgE 介导的速发性反应，Ⅱ型和Ⅲ型由 IgM 和 IgG 介导，Ⅳ型则由 T 细胞介导，又称迟发型超敏反应。

实验一　豚鼠过敏性休克实验

【实验目的】

(1) 了解动物血清过敏性休克的发病原理及其症状。

(2) 了解脱敏的方法。

【实验原理】

豚鼠过敏性休克反应为Ⅰ型速发型超敏反应，其过程包括致敏、激发和炎症三个阶段。预先给动物注射少量异种血清诱导特异性 IgE 产生，IgE 与肥大细胞或嗜碱性粒细胞表面的 FcR 相结合，使机体致敏；相同变应原再次或反复进入体内，激发肥大细胞脱颗粒，释放生物活性介质，作用于效应器官，于数秒或数分钟内引起过敏性反应的症状。此发病机理与临床上常见的青霉素等药物及异种血清引起的人类过敏性休克相同。

【实验材料】

(1) 成年健康豚鼠(体重 200g 左右)、新鲜鸡蛋清、马血清、生理盐水。

(2) 无菌注射器、手术刀剪、镊子、小试管、试管架、吸管、鼠笼等。

【实验方法】

(1) 取健康豚鼠 12 只，分成四组分别编号(标明甲、乙、丙、丁组)。

(2) 给甲、乙、丙三组豚鼠分别于皮下注射 1∶10 稀释的马血清 0.1mL，使其致敏。丁组豚鼠均皮下注射等量生理盐水作为对照。

(3) 两周后，甲、丁两组豚鼠分别心内(或静脉)注射 1∶5 稀释的马血清 1. 0mL，乙组豚鼠分别心内注射鸡蛋清 1. 0mL。

(4) 取丙组豚鼠，分别每隔半小时于皮下注射 1∶5 稀释的马血清 0.1mL、0.2mL、0.3mL 及 0.4mL，于第 4 次注射半小时后，再心内注射马血清 1.0mL。

(5) 动物注射后，密切观察各组豚鼠的反应（表 14-1）。

表 14-1　动物过敏性实验操作程序

豚鼠分组编号	甲	乙	丙	丁
初次 1∶10 稀释的马血清皮下注射/mL	0. 1	0. 1	0. 1	-
皮下注射 NS/mL	-	-	-	0. 1
再次 1∶5 稀释的马血清心内注射/mL	1. 0	-	少量多次皮下注射后，再心内注射 1. 0	1. 0
心内注射鸡蛋清/mL	-	1. 0	-	-
过敏症状				

【实验结果】

注射后数分钟内，甲豚鼠发生超敏反应：出现兴奋不安、抓鼻、耸毛、咳嗽等现象，继而发生气急、呼吸困难、痉挛性跳跃、大小便失禁、倒地挣扎而死。解剖可见肺脏极度气肿，胀满整个胸腔，这是支气管平滑肌痉挛的结果。另外三组的豚鼠无过敏反应症状出现。

【注意事项】

(1) 不同个体动物的反应有差异，每次不能只用一只动物。为获得统计的精确性，每组一般使用 3 只动物。

(2) 再次注射变应原时，应做心内或静脉注射，使变应原直接入血，以引起明显的过敏性休克反应。

(3) 当症状不明显时，可取另一只备用的致敏豚鼠再做。

【思考题】

脱敏注射的机制是什么?

实验二　DNFB 诱导小鼠迟发型变态反应(耳肿胀法)

【实验目的】

了解迟发型变态反应的原理及实验方法。

【实验原理】

Ⅳ型超敏反应则由 T 细胞介导，超敏反应在抗原攻击后 48h 才能表现出来，又称迟发型超敏反应(DTH)，是半抗原物质修饰抗原呈递细胞 MHC-抗原肽后，诱导半抗原特异性的MHC-Ⅱ类分子限制性的TH1应答,表现为以淋巴细胞浸润为主要病理特征的炎症损伤。

二硝基氟苯(DNFB)是一种半抗原，将其稀释液涂抹腹壁皮肤后，与皮肤蛋白结合成完全抗原，可刺激 T 淋巴细胞增殖成致敏淋巴细胞。4~7 天后将其再次涂抹于耳部，使局部产生迟发型超敏反应。一般在抗原攻击后 24~48h 达高峰，测定双耳肿胀程度来判断迟发型超敏反应的程度。

【实验材料】

(1) 实验动物：小白鼠。

(2) DNFB、丙酮、麻油、硫化钡。

(3) 带盖小瓶、游标卡尺(精密度 0. 02mm)、注射器、棉签、电子天平、打孔器、手术剪刀等。

【实验方法】

1. 配制 DNFB 溶液(应新鲜配制)　称取 DNFB 50mg，置清洁干燥小瓶中，将预先配好的 5mL 丙酮麻油溶液(丙酮：麻油=1：1)，倒入小瓶，盖好瓶塞并用胶布密封。混匀，用 250μL 注射器通过瓶盖取用。操作时应避免 DNFB 与皮肤接触。

2. 致敏　每只小鼠腹部皮肤用硫化钡脱毛，范围为 3cm×3cm，用 DNFB 溶液 50μL 均匀涂抹致敏。

3. DTH 的产生与测定　致敏后 5 天,用 DNFB 溶液 10μL 均匀涂抹于小鼠右耳(两面)进行抗原攻击；空白对照组同样涂耳但未致敏。攻击后 24h 颈椎脱臼处死小鼠，测量耳壳厚度，同一部位测量三次，取平均值。剪下左右耳壳，用打孔器取下直径 8mm 的耳片称重。

4. 数据处理与结果判定　一般采用方差分析，先进行方差齐性检验，方差齐，计算 F 值(左右耳重量之差，表示 DTH 的程度)。

【实验结果】

受试样品组的差值显著高于对照组的差值，可判定该项实验结果阳性。

【注意事项】

(1) 测量耳壳厚度时，最好由专人来进行。卡尺紧贴，但不要加压，否则会影响测量结果。

(2) DNFB 溶液应新鲜配制。

【思考题】

Ⅳ型和Ⅰ型超敏反应主要有哪些区别?

实验三　鸡卵蛋白诱导的家兔类风湿关节炎模型

类风湿关节炎是一种自身免疫性疾病，主要表现为周围对称性的多关节慢性炎症，关节肿胀疼痛，不及时治疗可以导致关节软骨甚至骨的侵蚀和破坏，其具体的病理过程及机制尚未明确。兔膝关节较大，且解剖结构和人类相似，是诱导和研究类风湿模型的理想选择。

【实验目的】

建立并评估鸡卵蛋白(OVA)诱导的家兔类风湿关节炎模型。

【实验原理】

通过反复皮下注射抗原使兔致敏，刺激其体内生成大量抗体，然后再在兔关节腔内注入一定剂量的相同抗原，从而产生相应的抗原-抗体复合物沉积在关节滑膜上。此复合物本身不但可以激活补体产生局部炎性反应，而且还可进一步诱导 T 细胞介导的免疫反应，释放一系列淋巴因子，使大量淋巴细胞、单核/巨噬细胞及中性粒细胞浸润于滑膜间质，从而形成慢性滑膜炎、滑膜增生，随后血管增生和炎性细胞浸润逐渐形成血管翳，其覆盖软骨后导致其变性和降解。测量注射前和注射后 24h 及其后每周双膝关节直径和皮肤温度，观察关节软骨的大体形态和滑膜增生来评估关节炎的程度及变化趋势。

【实验材料】

(1) 实验动物：新西兰兔(周龄 12~13 周)。

(2) 试剂：鸡卵蛋白(分子量 45 000)、弗氏完全佐剂。

【实验方法】

(1) 试剂配制：用卵蛋白溶于生理盐水，配成 20g/L 的溶液，用 20mL 无菌注射器取等量鸡卵蛋白和弗氏完全佐剂，以三通管连接反复抽吸至完全乳化。

(2) 致敏：取混合液 1mL，在兔肩胛间区分 5 个部位皮下注射，第 2 周及第 3 周分别用相同方法加强免疫一次。

(3) 第 5 周在胫骨结节最高点与髌骨下缘连线中点的髌韧带两侧，垂直于皮肤进针 1cm，穿破关节囊时有突破感，双膝各注射 0. 5mL 鸡卵蛋白溶液，注射后将兔放回原笼自由活动。

(4) 分别在鸡卵蛋白关节腔注射前和注射后 24h 及其后每周测量双膝关节直径和皮肤温度，在第 2 和第 4 周随机处死家兔观察膝关节滑膜及关节软骨大体形态变化。

【实验结果】

关节腔注射后 1 周，关节直径明显增大，表面皮肤温度明显升高，随后逐渐降低至稳定的水平，但仍明显高于对照组；肉眼观察可见关节滑膜大量增生，其中第 8 周处死组软骨破坏明显，组织切片可见滑膜组织和血管大量增生，炎症细胞浸润及软骨层破坏。

【注意事项】

(1) 本模型制作的关键是兔的致敏，致敏时抗原要与佐剂充分乳化，以保证其抗原缓慢通过皮下吸收，延长致敏时间。

(2) 致敏结束后需要检测致敏是否成功。

【思考题】

理想的类风湿关节炎模型的条件是什么?

(彭吉林)

创新性实验

第十五章 肺结核患者外周血中 Th1/Th2 细胞亚群的鉴定和分析

初始的 $CD4^+$T 细胞被特异性抗原刺激激活而增殖，分化为辅助性 T 细胞-Th0 细胞，在局部微环境细胞因子的调控作用下，分化为 Th1 和 Th2 细胞。Th1 和 Th2 细胞在机体免疫和疾病发生中发挥着不同的作用。Th1 细胞分泌 IL-2、INF-γ 和 TNF 能有效地促进细胞免疫应答，表现为增强吞噬细胞功能，参与细胞毒作用和迟发型超敏反应性炎症，对胞内寄生菌的感染有清除作用。Th2 细胞分泌 IL-4、IL-5、IL-6 和 IL10 有效促进体液免疫应答，表现为诱导 B 细胞分化为浆细胞并产生抗体，促进 B 细胞所合成的抗体向 IgE 和 IgG4 转换，主要参与机体对蠕虫的感染和环境变应原的应答。Th1 和 Th2 细胞间存在着相互制约和调节的复杂关系。Th1 优势的反应利于机体清除感染原(包括胞内感染)，但易引起宿主损伤；Th2 优势反应参与抗寄生虫的保护性免疫，这是通过限制 Th1 的破坏性实现的，但常引起疾病慢性化。某些临床疾病的发生与 Th1 和 Th2 细胞失衡密切相关，因此通过改变局部微环境细胞因子的组成从而调整 Th1 和 Th2 细胞失衡状态，对某些疾病的治疗具有重要意义。

研究发现结核病患者无论是外周血还是病灶部位，都存在 Th1 和 Th2 的失衡。结核病患者病理损伤程度不同，其反映 Th1 和 Th2 亚群失衡状态也不相同。结核病的发生发展与 Th 亚群的失衡有着密切的关系，对着结核病患着外周血中 Th 亚群的分析和鉴定，有助于在抗结核治疗中引入新的免疫治疗。

【实验目的】

探讨 Th1/Th2 亚群细胞在不同病程的肺结核患者外周血中的变化。

【实验原理】

由于 Th1 和 Th2 细胞在表面标志上没有明显区别，而在细胞因子的分泌上有明显区别，因此建立稳定有效的细胞内细胞因子检测方法对于准确说明 Th1/Th2 细胞亚群的数量非常重要。目前检测的主要方法有酶联免疫法、ELISPOT 法、荧光定量法及原位杂交等方法。流式细胞术检测细胞内因子是一种相对快速、重复性好并能准确定量的方法。

由于未活化的淋巴细胞所分泌的细胞因子极少，用流式细胞仪很难检测出来，因此在检测前需刺激活化。目前推荐的刺激物主要为佛波酯（PMA）和离子霉素(ionomycin)。淋巴细胞在刺激物的作用下活化，分泌细胞因子到细胞外。由于流式细胞仪只能对细胞表面或内部的抗原进行检测，因此必须阻止细胞因子的分泌，抑制细胞因子分泌的试剂有莫能霉素(monensin)。

【实验材料】

(1) 收集不同病程的肺结核患者外周血 50 例，临床诊断以《肺结核诊断和治疗指南》为标准。结核病确诊依据：①痰、胸水结核分枝杆菌呈阳性，或活组织检查呈结核特征性病变；②X线胸片肺及其他部出现结核特征性病灶；③临床结核中毒症状明显、其他检查符合结核性特征；④抗结核治疗后病灶、胸水吸收快。具备上述标准三项以上者方可确诊。

判断结核活动进展期、吸收好转期、稳定期的标准如下。

凡具备下列一项者属活动进展期：新发现活动性结核病灶；新出现空洞；空洞增大；病灶较前恶化；痰结核分枝杆菌阳性。

凡具备下列一项者属吸收好转期：结核病灶较前吸收好转；空洞闭合变小；痰结核分枝杆菌阴转。

稳定期：病变无活动性；空洞闭合；痰结核分枝杆菌连续阴性(每个月至少检查1次，达6个月以上，如有空洞存在，则痰结核分枝杆菌须连续阴性一年以上)。

(2) 抗体。不同荧光标记的抗人CD3-PercP、CD8-APC、IFN-γ-FITC和IL-4-PE。mouse IgG1-FITC和Rat IgG1-PE同型对照抗体。

(3) 其他试剂。激活剂：佛波酯(phorbolmyristate acetate，PMA)溶于DMSO中浓度为0.1mg/mL，工作浓度为25ng/mL。协同刺激剂：离子霉素(ionomycin)溶于乙醇中浓度为0.5mg/mL，工作浓度为1mg/mL。蛋白转运抑制剂：莫能霉素(monensin)溶于乙醇浓度为0.1mg/mL，工作浓度为1mg/mL。含10%胎牛血清的RPMI1640。PBS缓冲液，FACS细胞破膜剂。

【实验方法】

(1) 标本采集：抽取肺结核患者空腹静脉血5mL至肝素抗凝管中，混匀备用。

(2) 外周血单个核细胞(PBMC)的分离提取。

(3) 将分离到的PBMC用含有25ng/mL的PMA、1mg/mL的离子霉素、1mg/mL的莫能霉素和10%胎牛血清的RPMI1640，在37℃，5% CO_2条件下培养4h。

(4) 淋巴细胞表面抗原及细胞质内细胞因子染色。

淋巴细胞表面标记：收集培养后的PBMC，250×*g*离心5min，弃上清，用PBS将其调成浓度为1×10^6个/mL的细胞悬液。每个样品取两管(同型对照组和实验组)，每管1mL细胞悬液。两管样品依次加入CD3-PerCP、CD8-APC荧光标记单克隆抗体10mL，混匀，室温避光孵育20min。

洗涤：加入无菌PBS 2mL，混匀，250×*g*离心5min，弃上清。按此步骤洗涤3次。

破膜：加1∶10稀释的FACS破膜剂各500mL，室温避光放置10min，加PBS 2mL，混匀，250×*g*离心5min，弃上清。

胞内染色：对照组加入mouse IgG1-FITC和Rat IgG1-PE同型对照抗体。实验组加入IL-4-PE、IFN-γ-FITC各10mL，室温避光孵育30min。

测定：同步骤(2)洗涤3次，用500mL PBS(4%多聚甲醛)重悬，上流式细胞仪检测。

(5) 流式细胞检测及分析：以CD3-SSC选定$CD3^+$，为R1门。以R1设门，CD3- PerCP，CD8-APC作图选定$CD4^+$ T细胞，为R2门。对照管mouse IgG1-FITC和Rat IgG1-PE作图划出阴性区域，再换实验管，测得IFN-γ和IL-4的含量。

【实验结果】

以CD3和CD8散点图设门区分Th细胞($CD3^+$、$CD8^-$)。最终以IFN-g和IL-4的散点图表示Th1细胞和Th2细胞。$CD3^+CD8^-INF\text{-}g^+$为Th1细胞，$CD3^+CD8^-IL\text{-}4^+$为Th2细胞。结合肺结核患者的临床病例，分析肺结核患者的病程与其外周血中Th1/Th2亚群失衡的关系。

(郭　阳)

第十六章　血清中流感病毒中和抗体的检测

流感病毒感染机体时，机体通过天然免疫和特异性免疫与病毒抗衡。在流感病毒的免疫防御机制中，起保护作用的中和抗体血凝素(HA)抗体和神经氨酸酶抗体(NA)具有重要的意义，中和抗体可以中和流感病毒，阻断其感染细胞。若流感病毒抗原发生变异，机体产生的中和抗体可能由于病毒的变异而逐渐失去其保护作用。而检测中和抗体的常用方法是病毒中和实验，如果血清能中和流感病毒，则不能引起 MDCK 细胞发生病变(CPE)，反之则发生病变，由此通过判断细胞病变间接反映血清中的抗体水平，通过检测血清中的中和抗体的效价可以判断疫苗的免疫效果。

【实验目的】

通过微量中和实验测定免疫血清中甲型流感病毒 H1N1 特异性中和抗体的水平，用于评价疫苗接种后，血清中的中和抗体对机体的免疫保护作用。

【实验原理】

传统的流感病毒中和实验主要基于对 MDCK 细胞病变抑制作用观察，即费时又费力。本实验所介绍的微量中和实验法通过 ELISA 方法检测感染细胞内流感病毒的核蛋白数量可快速鉴定感染细胞数，改进后的中和实验可以在两天内完成，并可一次测定大量血清样品。

【实验材料】

(1) 病毒：一般采用接种鸡胚尿囊腔后收获流感的病毒液，在−70℃中保存。进行中和实验前需先进行病毒滴度(组织培养半数感染量 $TCID_{50}$)的测定。

(2) 血清样品：包括待测血清、阳性及阴性对照血清。人血清实验前需 56℃灭活 30min。

(3) 细胞：低代数的 MDCK 细胞。

(4) 抗体。一抗：小鼠抗甲型流感病毒核蛋白单克隆抗体。二抗：辣根过氧化物酶(HRP)标记的羊抗小鼠 IgG。

(5) 病毒稀释液：DMEM+1%牛血清白蛋白+抗生素。

(6) 固定液：PBS 配制的 80%丙酮。

(7) 封闭液：PBS+0.1%牛血清白蛋白+0.1% TWEEN-20。

(8) 其他：10%胎牛血清的 DMEM 培养基、PBS 缓冲液、胰酶、牛血清白蛋白、HRP 底物邻苯二胺(OPD)等。

【实验方法】

1. 病毒滴度的测定

(1) 取置−70℃冰箱保存的病毒一支，将病毒在 96 孔培养板上做 10 倍递进稀释即 10^{-1}，10^{-2}，10^{-3}……10^{-11}，每孔病毒悬液量为 100μL，每个稀释度重复 4 个复孔。

(2) 每孔加入 100μL 细胞悬液(1.5×10^4 个/孔)，每块板的最后一行设 8 孔细胞对照(无病毒稀释液)。把培养板置 5%CO_2 温箱 37℃培养 18~22h。

(3) 细胞固定，ELISA 操作如下述。

(4) 若病毒孔平均 OD 值 $>$ 2 倍细胞对照 OD 值则判定为阳性。

(5) 按 Reed 和 Muench 法计算 $TCID_{50}$，最终获得 $TCID_{50}$/100μL。$TCID_{50}$ 的计算如表 16-1 所示。

表 16-1　$TCID_{50}$ 的计算

	病毒稀释度	10^{-4}	10^{-5}	10^{-6}	10^{-7}
	阳性①	4	4	3	0
	阴性②	0	0	1	4
积累总计	阳性数③	11	7	3	0
	阴性数④	0	0	1	5
	比率⑤	11/11	7/7	3/4	0/5
	%阳性数⑥	100	100	75	0

计算各病毒稀释度阳性孔数目①和阴性孔数目②。

计算阳性和阴性孔的累积数：阳性孔累积数由右向左累积③；阴性孔累积数由左向右累积④。

计算阳性孔的百分比：比率⑤=③/(③+④)，%阳性率⑥=⑤×100

计算距离比例：

$$距离比例=\frac{大于50\%的阳性百分比-50}{大于50\%的阳性百分比-小于50\%的阳性百分比}=(70-50)/(75-0)=0.3$$

$TCID_{50}$ 的对数=大于 50%的阳性百分比的最高稀释对数+距离比例×稀释系数的对数=6+0. 3×1=6. 3

$TCID_{50}=10^{-6.3}$/100μL，100$TCID_{50}$/100μL $=10^{-4.3}$，使用前将病毒稀释为 100$TCID_{50}$/50μL，100$TCID_{50}$/50μL $=10^{-4.3}/2=10^{-4}$=1 ：10000。

2. 病毒中和实验

(1) 质量控制。病毒中和实验是一个相当复杂的过程，参与中和反应的因素有病毒、抗血清和细胞。这些因素变化都会影响中和实验的结果。因此，需对中和实验的整个过程进行质量控制，每次测定必须设立阴性和阳性血清对照，阳性和阴性细胞对照，并对病毒使用计量进行测定。

1) 血清对照：血清中含有(阳性对照)或不含有(阴性对照)针对测定病毒的特异性中和抗体。测定过程中，对照血清应与待测血清处于相同稀释度。

2) 病毒和细胞对照：一般设立 4 个重复孔为阳性细胞对照。

A. 阳性细胞对照(A12~D12)：50μL 病毒稀释液+50μL 病毒(100$TCID_{50}$ 的病毒)+100μL MDCK 细胞悬液。

B. 阴性细胞对照(E12~H12)：100μL 病毒稀释液+100μL MDCK 细胞悬液。

3) (A11~H11)：一般第一孔加入含 200$TCID_{50}$ 的 100μL 病毒液，然后进行 2 倍稀释，再与 MDCK 细胞混合培养。每个孔含有 50μL 病毒稀释液+50μL 2 倍系列稀释后的病毒+100μL MDCK 细胞悬液(图 16-1)。

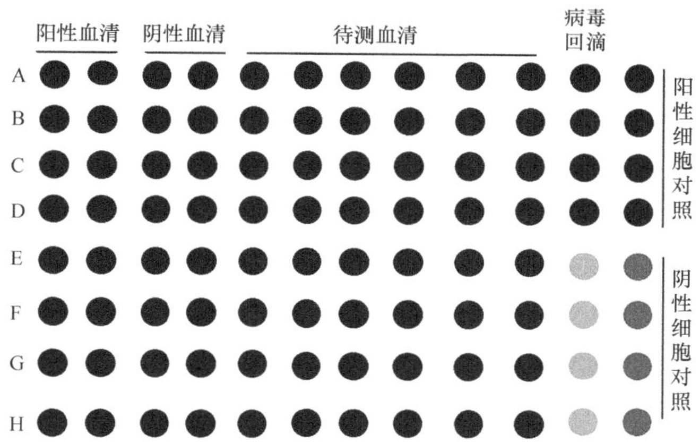

图 16-1 病毒滴度核实

(2) 待测血清的稀释

1) 检测一种病毒的中和抗体需要 10μL 血清，每份血清需进行至少一次重复测定。

2) 人血清需要 56℃灭活 30min。

3) 用排枪每孔加入 50μL 病毒稀释液。

4) 96 孔板中第一排(A1~A10)补加 40μL 病毒稀释液，使之成为 90μL/孔。

5) 用微量加样器吸取 10μL 阳性对照血清，阴性对照血清，待测血清，加入 96 孔板第一排(A1~A10)。

6) 从 96 孔板第一排吸取 50μL 液体加入到第 2 排，混合均匀后再吸 50μL 液体加入第 3 排，如此重复操作直至第 8 排，将液体混合均匀后，弃掉 50μL 液体，使阳性血清、阴性血清和待测血清做系列倍比稀释(A~H)，使之成为 1∶10、1∶20、1∶40……1∶1280。

(3) 病毒的准备

1) 病毒 $TCID_{50}$ 的滴定。

2) 稀释病毒至 $100TCID_{50}$/50μL。根据病毒特性选择是否在稀释液中加入 TPCK-胰酶(终浓度 1mg/mL)。

3) 除阴性细胞对照孔外，其余每孔加入 50μL 病毒液。

4) 细胞阴性对照孔每孔各补 50μL 病毒稀释液。

5) 选择 A11 列孔作为病毒滴度核实列。第一孔加入 $200TCID_{50}$/100μL 病毒液 100μL，然后做系列倍比稀释。

6) 温和摇匀病毒-血清混合物，放 37℃培养箱作用 1h。

(4) 加入 MDCK 细胞

1) 每孔加入 100mL MDCK 细胞悬液(1.5×10^4 个/孔)。

2) 37℃，5%CO_2 培养箱孵育 18~22h。

3) 细胞固定：吸尽培养板中的液体。用 200mL PBS 洗一次。加入预冷的固定液，100μL/孔。室温固定 10min。

4) 弃去固定液，将 96 孔板室温干燥。

3. 酶联免疫吸附实验(ELISA)

(1) 200mL PBS/孔，洗涤培养板 3 次。

(2) 按照 1∶4000(或最佳稀释度)的比例用封闭液稀释一抗，每孔加入 100μL 一抗稀释液。室温孵育 1h。

(3) 200mL PBS/孔，洗涤培养板 3 次。

(4) 按照 1∶2000(或最佳稀释度)的比例用封闭液稀释二抗，每孔加入 100μL 二抗稀释液。室温孵育 1h。

(5) 200mLPBS/孔，洗涤培养板 6 次。

(6) 每孔加入底物 OPD 100μL。

(7) 室温放置 3min 左右显色，直至阳性细胞对照孔变成橙黄色，而阴性细胞对照孔未变色。

(8) 用酶标仪(490nm)读出每孔 OD 值。

【实验结果】

(1) 下列公式用于判定中和反应结果：

$$X(\text{细胞半数感染域值})=\frac{\text{细胞阳性对照平均OD值}-\text{细胞阴性对照平均OD值}}{2}+\text{细胞阴性对照平均OD值}$$

每孔 OD 值低于 X 值时判定为中和实验反应阳性。中和反应阳性的血清最高稀释度即为血清中的中和抗体的滴度。

(2) 微量中和实验的质量控制

阳性细胞对照孔 OD 值在 1.0 左右，阴性细胞对照孔 OD 值小于 0. 2。

病毒液滴度核实检测孔，前 3~5 孔呈病毒感染阳性反应，显示使用的病毒量正常。若超过 5 孔阳性，则为病毒过量；若少于 3 孔阳性，则为病毒量不足。

【注意事项】

(1) 待检人血清需 56℃灭活 30min，动物血清需 RDE 处理。

(2) 待检血清需要重复测定时，应分装后冻存，以免反复冻融。

(3) 每管病毒只使用一次，若重复使用，或血清阳性对照结果过高或过低，以及细胞阳性对照 OD 值过低，须对病毒进行重新测定。

(4) MDCK 细胞应处于对数生长期，严禁细胞过度生长或老化(代数过高)。因此，必须在 10 代前进行细胞冻存，保存于液氮中备用。

(5) 牛血清有中和病毒感染力的作用。实验过程中切勿将细胞培养液与病毒稀释液混淆使用。

(6) 在 ELISA 过程中，每步都要洗涤，以保证结果可靠。

(7) 选择合适的抗体稀释浓度，一般预先将不同稀释度的抗体及酶结合抗体进行 ELISA 测定，以获得最佳稀释度。

(8) 正确控制显色时间，以降低背景染色。

(郭　阳)

附录　常用试剂和溶液的配制

一、抗　凝　剂

1. 阿氏(Alsever)血液保存液　枸橼酸三钠($2H_2O$) 0.80g，枸橼酸 0.55g，葡萄糖 2.05g，氯化钠 0.42g，加 H_2O 至 100mL，溶解后过滤，分装，115℃灭菌 10min，4℃保存。既为抗凝剂，又是血液保存液。血液与阿氏液混合比例为(1∶1)~(1∶2)，4℃保存 2 周红细胞活性和特性不变。

2. 肝素抗凝剂　取肝素用 NS 稀释至终浓度为 250U/mL，112℃灭菌 15min(或 115℃ 10min)后分装，-20℃保存。用时按每毫升血液加 0.1~0.2mL 肝素抗凝。肝素能阻止凝血酶原转化为凝血酶，进而抑制纤维蛋白原形成纤维蛋白，从而阻止血液凝固。

3. 3.8%枸橼酸钠抗凝剂　枸橼酸钠 3. 8g，蒸馏水 100mL，混匀，小量分装，高压灭菌后备用。

二、平衡盐与缓冲液

1. Hank's 液(简称 HBSS)

A 液：NaCl 80g，KCl 4g，$CaCl_2$ 1.4g，$MgSO_4·7H_2O$ 2g，双蒸水约 450mL。

B 液：$Na_2HPO_4·12H_2O$ 1.52g，KH_2PO_4 0.6g，葡萄糖 10g，双蒸水约 450mL。

C 液：1%酚红溶液 16mL。[1%酚红的配制：取 1g 酚红置于乳钵中，逐滴加入 1mol/L NaOH(用量不能超过 7mL)，边加边研磨，使酚红转变成钠盐而溶于水中，将溶解染液都移至 100mL 量瓶中，加双蒸水至 100mL，过滤，置室温或 4℃保存。]

将 B 液缓慢加入 A 液中，边加边搅匀。然后加入 C 液，双蒸水定容至 1000mL。此为 10 倍浓缩的 Hank's 母液。置 4℃保存备用，使用期最长为 3 个月。

应用液的制备：母液 1 份加双蒸水 9 份，混匀，分装，115℃灭菌 10min。置室温或 4℃保存，可供一个月内使用，临用前用 $NaHCO_3$ 调 pH 至 7.2~7.4。

注意：所用试剂要纯；试剂要按配方顺序逐个溶解后再依次加入，以免起化学反应产生沉淀；高压灭菌不要超过 115℃。

HBSS 主要用于配制培养液、稀释和细胞清洗液，而不能单独作为细胞、组织培养液。

2. 无 Ca^{2+}、Mg^{2+} Hank's 液　NaCl 8g，KCl 0.4g，$Na_2HPO_4·12H_2O$ 0.152g，KH_2PO_4 0.06g，$NaHCO_3$ 0.175g，葡萄糖 1g，加蒸馏水 1000mL。溶解后 115℃灭菌 10min，置室温或 4℃保存备用。临用前用 $NaHCO_3$ 调 pH 7.2~7.4。

3. 常用调 pH 溶液　$NaHCO_3$ 溶液：常用浓度有 7.5%、5.5%、3.5%三种。用双蒸水配制，无菌过滤除菌，小量分装，或 110℃灭菌 10min，分装。置 4℃保存。

0.1mol/L NaOH 及 0.1mol/L HCl。

4. pH 7.4 巴比妥缓冲液(BBS)　NaCl 85g，巴比妥 5.75g，巴比妥钠 3.75g，$MgCl_2$ 1.017g，$CaCl_2$ 0.166g，逐一加入热蒸馏水中溶解，冷却后加蒸馏水至 2000mL，制成储存液，4℃保存。使用当日用蒸馏水 1∶5 稀释(此液 1 份加 4 份蒸馏水)配制。

5. 0.05mol/L pH 8.6 巴比妥缓冲液 巴比妥 1.84g，巴比妥钠 10.3g，蒸馏水 1000mL。

6. 不同 pH 的 0.2mol/L 的磷酸盐缓冲液(PB)

(1) 先配制 0.2mol/L 的 NaH_2PO_4(A 液)和 0.2mol/L 的 Na_2HPO_4(B 液)。

A 液：称取 $NaH_2PO_4 \cdot 2H_2O$ 31.2g(或 NaH_2PO_4 27.8g)加双蒸水充分溶解定容至 1000mL。

B 液：称取 $Na_2HPO_4 \cdot 12H_2O$ 71.63g(或 $Na_2HPO_4 \cdot 7H_2O$ 53.65g)加双蒸水充分溶解定容至 1000mL。

(2) A 液与 B 液按下表比例混合，即得到所需的不同 pH 的 0.2mol/L 的 PB。

A 液/mL	B 液/mL	pH	A 液/mL	B 液/mL	pH
87. 7	12. 3	6. 0	33. 0	67. 0	7. 1
85. 0	15. 0	6. 1	28. 0	72. 0	7. 2
81. 5	18. 5	6. 2	23. 0	77. 0	7. 3
77. 5	22. 5	6. 3	19. 0	81. 0	7. 4
73. 5	26. 5	6. 4	16. 0	84. 0	7. 5
68. 5	31. 5	6. 5	13. 0	87. 0	7. 6
62. 5	37. 5	6. 6	10. 5	89. 5	7. 7
56. 5	43. 5	6. 7	8. 5	91. 5	7. 8
51. 0	49. 0	6. 8	7. 0	93. 0	7. 9
45. 0	55. 0	6. 9	5. 3	94. 7	8. 0
39. 0	61. 0	7. 0			

7. 0. 02mol/L pH7.4 PBS 取 A 液 19mL，B 液 81mL 混合，再以生理盐水做 10 倍稀释即成。

0. 1mol/L pH7.4 PB：取 A 液 19mL，B 液 81mL 混合，以蒸馏水对倍稀释即成。

0. 1mol/L pH6.8 PBS：取 A 液 51mL，B 液 49mL，NaCl 1. 8g 混合，加蒸馏水至 200mL。

8. 磷酸盐缓冲生理盐水(PBS) 储存液(0. 1mol/L，pH7.4)：NaCl 80g，$Na_2HPO_4 \cdot 12H_2O$ 32. 3g，$NaH_2PO_4 \cdot 2H_2O$ 4. 5g，加蒸馏水至 1000mL 或者 NaCl 80g，$Na_2HPO_4 \cdot 2H_2O$ 11. 5g，NaH_2PO_4 2g，KCl 2g，加蒸馏水至 1000mL。储存液室温下保存一个月。

工作液(0. 01mol/L，pH7.4)：取储存液 10 倍稀释后 24h 内使用。

9. 1mol/L Tris-HCl 三羟甲基氨基甲烷(Tris) 121g 溶解于 800mL 蒸馏水中，用浓盐酸调至所需 pH，补充蒸馏水至 1L，分装，高压灭菌，室温保存。

10. 1.5mol/L pH8.8 Tris-HCl Tris 181. 5g 溶解于 800mL 蒸馏水中，用浓盐酸调 pH 至 8.8，补充蒸馏水至 1L，分装，高压灭菌，室温保存。

11. TBS(0. 05mol/L pH 7. 6 Tris-HCl) 将 NaCl 8. 0g，KCl 0. 2g，Tris 3. 0g 溶解于 800mL 蒸馏水中，用浓盐酸调 pH 至 7. 6，补充蒸馏水至 1L，分装，高压灭菌，室温保存。

12. 0. 5mol/L EDTA EDTA-2Na · $2H_2O$ 186 g 溶解于 800mL 蒸馏水中，用 NaOH 调 pH 至 8. 0，补充蒸馏水至 1L，分装，高压灭菌，室温保存。

13. 1mmol/L pH4.4 乙酸钠缓冲液 0.2mol/L NaAc (1.361g/50mL) 3.7mL，0.2mol/L HAc (0. 601mL/50mL) 6. 3mL，加蒸馏水至 2000mL。

14. 碳酸盐缓冲液(CBS)　0.2mol/L pH9.5 CBS：Na_2CO_3 0.32g，$NaHCO_3$ 0.586g，加蒸馏水至 50mL。若再用蒸馏水做 20 倍稀释，即成 0.01mol/L pH9.5 的碳酸盐缓冲液。

0.05mol/L pH9.5 CBS：Na_2CO_3 1.59g，$NaHCO_3$ 2.94g，加蒸馏水至 1000mL。

1mol/L pH9.5 CBS：Na_2CO_3 1.5g，$NaHCO_3$ 294g 加蒸馏水至 50mL。(取 1mol/LNa_2CO_3 3mL 与 1mol/L$NaHCO_3$ 7mL 混合)。

0.025mol/L pH9. 0 CBS：Na_2CO_3 0.16g，$NaHCO_3$ 2.1g，加蒸馏水至 1000mL。

0.5mol/L pH9.0 CBS：Na_2CO_3 0.6g，$NaHCO_3$ 3.7g，加蒸馏水至 100mL。

三、染色液、固定液及脱色液

1. 吉姆萨(giemsa)染液　吉姆萨染料 0. 8g，甘油 50mL，甲醇 50mL。

将 0.8g 染料加到 50mL 甘油中，混匀，置 60℃ 2h，不时搅拌。取出凉至室温时加入甲醇 50mL，磁力搅拌过夜。用滤纸过滤，滤液即为原液。应用时用蒸馏水稀释 10 倍。

2. 瑞氏(Wright)染液　瑞氏染料 1. 8g，纯甲醇 600mL。

将 1.8g 染料置于乳钵中，加入少量纯甲醇研磨，将溶解的染液移至洁净的棕色玻璃瓶中。分批加入甲醇研磨，直到染料全部溶解。配制的染液置室温 1 周后即可使用。

新鲜配制的染液偏碱，放置后可显酸性。染液储存越久，染色越好。要密封保存，以免吸收水分影响染色效果。也可加入 30mL 中性甘油，染色效果更好。

3. 瑞氏-吉姆萨染液　取瑞氏染液 5mL，吉姆萨原液 1mL，加蒸馏水或 PBS(pH6.40~6.98)6mL。如沉淀生成须重新配制。或按以下方法配制：瑞氏染料 0.3g，吉姆萨染料 0.03g，甲醇 100mL，方法同瑞氏染液配制。

4. 2%台盼蓝(trypan blue)染液　称取 4g 台盼蓝，于研钵内用少量双蒸水研磨，加双蒸水至 100mL，1500r/min 离心 15min，吸取上层液，即为 4%溶液。用前，用 1. 8%氯化钠溶液稀释 1 倍，即为 2%台盼蓝染液。

5. 0.2%伊红 Y (eosin Y)　伊红 Y 0.4g，双蒸水 100mL，配制方法及使用同 0.5%台盼蓝。

6. 0.1%中性红(neutral red)　中性红 1g，双蒸水 100mL，配制方法同 0. 5%台盼蓝。临用前用 Hank's 液稀释 10 倍。

7. Mayer 苏木精复染液　苏木精 0.1g，钾明矾 5g，枸橼酸 0.1g，水合氯醛 5g，碘酸钠 0.02g，蒸馏水 100mL。将苏木精、钾明矾和碘酸钠溶于蒸馏水，再加温搅拌溶解，加枸橼酸和水合氯醛，混合后煮沸 5min，冷却后过滤备用。

8. 1.25%戊二醛溶液　取 25%戊二醛 50mL 与 pH6.8 的 PBS 950mL 混合。

0. 8%戊二醛溶液：取 25%戊二醛 0.8mL 与 0.43% NaCl 24.2mL 混合即成，需现用现配。

9. 20%甲醇盐酸脱色液　甲醇 20mL，蒸馏水 80mL，混合后加 2mol/L HCl 两滴即成。当瑞氏染色结果呈蓝紫色时使用。

四、细胞培养用试剂

1. 0. 25%胰蛋白酶　称取胰蛋白酶粉剂溶于双蒸水或 PBS(D-Hank's)液中。搅拌混匀，置 4℃过夜。在超净台内用 0.22μm 微孔注射滤器抽滤除菌。小瓶分装，−20℃保存备用。

2. TC199 培养液　TC199 培养基 9.9g，三蒸水 1000mL，加温溶解，加入 $NaHCO_3$1.0g，

使 pH 调至 7.2，过滤除菌，分装，4℃保存。

3. PRMI1640 培养液

(1) RPMI1640 20.8g，三蒸水 1800mL。

(2) 1mol/L HEPES 缓冲液：HEPES 11.915g，三蒸水 50mL。

将(1)和(2)分别溶解后混合在一起，补充三蒸水至 2000mL，置 4℃过夜。用 0.22μm 微孔滤膜过滤除菌。分装 100mL/瓶，-20℃保存，可供 6 个月使用，用前须做无菌实验。

4. 完全培养液 RPMI1640 液 85mL，灭活胎牛血清 15mL，青链霉素 100 倍浓缩液 1mL，谷氨酰胺 100 倍浓缩液 1mL。

5. 谷氨酰胺 100 倍浓缩液(0. 2mol/L) 2.29g *L*-谷氨酰胺溶于 100mL 双蒸水，过滤除菌后 1mL 分装，-20℃保存。

6. 青链霉素 100 倍浓缩液 青霉素 100 万 U，链霉素 100 万μg，溶于 100mL NS，1mL 分装，-20℃保存。

7. HAT 选择培养液 完全培养液 100mL 中加 A 储液和 HT 储液各 1mL。

HT 储液：次黄嘌呤(H)13.62mg，胸腺嘧啶核苷(T)3.88mg，三蒸水 10mL。次黄嘌呤不易溶解，可先加热至 50~80℃溶解。完全溶解后 0.22μm 滤膜过滤除菌。1mL 分装，-20℃保存。

A 储液：氨基蝶呤(A)0.176mg 加三蒸水 9mL，滴加 1mol/L NaOH 并不断摇动，直至氨基蝶呤完全溶解，再滴加 1mol/L HCl 调 pH 至 7.0 左右，补足三蒸水至 10mL，除菌，分装保存。

8. 50% PEG4000 称取 10g 放入 25mL 瓶中高压灭菌，使用前用 40℃预热的 1640 培养液 10mL 等量(*W*/*V*)混合，以酚红检查 pH，必要时用 $NaHCO_3$ 调 pH 至 8.0。

9. 两性霉素 B 配制(25μg/mL) 两性霉素 B2.5mg，三蒸水 100mL，过滤除菌，1mL 分装，-20℃保存。

10. 红细胞裂解液($Tris\text{-}NH_4Cl$ 缓冲液) 称取氯化铵 3.735g、三羟甲基氨基甲烷(Tris)10.3g，加水溶解并稀释至 500mL。用 1mol/L HCl 调 pH 至 7.2~7.4，0.22μm 滤膜除菌后待用。

或先配好 0.17mol/L 的 Tris 与 1mol/L 的 NH_4Cl，用前以 1∶9 比例混合，滤膜无菌过滤后待用。

0.17mol/L Tris：20.57g Tris 溶解于 1000mL 蒸馏水中。

1mol/L NH_4Cl：53.49g NH_4Cl 溶解于 1000mL 蒸馏水中。

11. 6%可溶性淀粉肉汤 牛肉膏 0.3g，蛋白胨 1g，NaCl 0.5g，蒸馏水 100mL，加热溶化后调 pH 至 7.2，高压灭菌后加入可溶性淀粉 6g，隔水溶化，4℃保存备用，临用加热溶化即可。

12. 10% DMSO(二甲基亚砜)保护液 含 10% DMSO、20%灭活胎牛血清、70% RPMI1640。(注：DMSO 能损坏滤器，被高压破坏结构，故不能过滤或灭菌。其本身是毒品、无菌)。

五、免疫标记常用试剂

1. 包被缓冲液 0.05mol/L pH9.6 碳酸盐缓冲液(CBS)

Na_2CO_3 1.59g，$NaHCO_3$ 2.93g，加蒸馏水至 1000mL。

2. 稀释缓冲液

0. 05mol/L pH7.4 PBST：称取 KH_2PO_4 0.2g，$Na_2HPO_4 \cdot 12H_2O$ 2.9g，NaCl 8.0g，KCl

0.2g，用少量蒸馏水溶解后，补充蒸馏水至 1000mL，最后加 0.5mL Tween-20，4℃保存。

0. 05mol/L pH 7.6 Tris-HCl(又称 TBS)：1 份 0. 5mol/L pH7. 6 Tris，9 份 0. 15mol/L NaCl。抗体稀释用含 1%牛血清白蛋白(BSA)的 TBS。

3. 洗涤液 0.01mol/L pH7.4 Tris-HCl-Tween-20。

Tris2.42g，0. 1mol/L HCl 13mL，补充蒸馏水至 1000mL，最后加 0.5mL Tween-20。

4. 终止液 2mol/L H_2SO_4或 1% HCl 溶液。

2mol/L H_2SO_4：蒸馏水 178.3mL，逐滴加入浓硫酸(98%)21.7mL。

5. 封闭液 含 5% BSA、0.05% Tween-20 的稀释缓冲液，或含 10%马血清或 0.1%明胶。

6. 底物缓冲液 pH5. 0 磷酸盐-枸橼酸缓冲液

0. 2mol/L Na_2HPO_4(28. 4g/L)	25.7mL
0. 1mol/L 枸橼酸(19. 2g/L)	24.3mL
蒸馏水	50.0mL

7. HRP 常用底物使用液 必须新鲜配制，尤其是 H_2O_2 在临用前加入。

(1) TMB(四甲基联苯胺)使用液：TMB 先用二甲基亚砜(DMSO)溶解，配成 10mg/mL 原液，4℃避光保存。临用前底物缓冲液稀释为 0.2mg/mL，每毫升加 75% H_2O_2 4.2μL 使用液要在 1h 内使用。

(2) ABTS [2，2′-边氮基-双(3-乙基苯并噻吡咯啉-6 磺酸)] 使用液：ABTS 0.5mg，底物缓冲液 1.7mL，3% H_2O_2 2μL(临用前加入)。

(3) DAB(3，3′-二氨基联苯胺)底物使用液：DAB 4mg 先溶于 0. 2mL DMSO，再用 0. 01mol/L PBS 补加至 10mL，临用前加 30% H_2O_2 50μL。

(4) OPD(邻苯二胺)使用液：在 100mL 底物溶液中加 OPD 40mg，30% H_2O_2 0.15mL，避光并立即使用。

8. pH3.5 枸橼酸盐缓冲液的配制 枸橼酸($C_6H_8O_7 \cdot H_2O$)25.5g，枸橼酸三钠($C_6H_5Na_3 \cdot 2H_2O$)23.5g，加去离子水至 100mL，溶解后即可使用。

9. 硝酸银显影液(现用现配)

明胶(20g/L)	6.00mL
对苯二酚(57. 90g/L)	3.00mL
硝酸银(25g/L)	0.20mL
pH3.5 枸橼酸盐缓冲液	1.00mL

对苯二酚和硝酸银溶液需避光保存，临用前将明胶加热溶解后，按上述比例依次混合。

10. 定影液 20%硫代硫酸钠($Na_2S_2O_3$)20g，加去离子水至 100mL 溶解即可。

六、蛋白质纯化用试剂

1. 饱和硫酸铵溶液的制备 称$(NH_4)_2SO_4$ 400g，加蒸馏水 500mL，80℃水浴搅拌至溶解，趁热过滤，其 pH 为 4.5~5.5，冷却后用浓氨水调 pH 至 7.0~7.4。配制好的饱和$(NH_4)_2SO_4$，瓶底应有结晶析出。

2. 萘氏试剂配制 称 HgI 11.5g，KI 8g，加蒸馏水至 50mL，溶解后过滤，滤液中再加入 20% NaOH 50mL。

七、细胞免疫功能测定试验用试剂

1. 闪烁液 PPO(2，5-二苯基噁唑)5.0g， POPOP[1，4-双(5-苯基噁唑基-2 苯)]0.3g，无水乙醇 200mL，甲苯 800mL。各成分混合即可。

2. 副品红液 取 2g 副品红液加 2mol/L HCl 100mL， 温水浴溶解后 4℃保存备用。

3. 亚硝酸钠溶液(现用现配) 取 0.14g 亚硝酸钠加双蒸水 10mL 振荡溶解。

4. α-乙酸萘酯溶液 取 2g α-乙酸萘酯溶于 100mL 乙二醇单甲醚中，置棕色瓶，4℃保存。

5. 甲基绿复染液 取 1g 甲基绿，溶于 100mL 双蒸水中，4℃保存。

6. 孵育液(必须临用前配置) 将 1mL 亚硝酸钠溶液缓慢滴入 1mL 的副品红液中(不能倒滴)，边滴边摇，副品红液由红色变为浅黄色，混合后静置 2min；将此混合液逐滴加入 30mL pH7.6 PB 液中，边滴边摇充分混合；再将 0.85mL α-乙酸萘酯溶液滴入以上混合液，边加边搅拌混匀。用冰乙酸或 Na_2HPO_4 调 pH。

7. MTT 溶液(5mg/mL) 用 pH7. 2 PBS 配成 5mg/mL 溶液，滤膜除菌，4℃避光保存。

8. 酸性异丙醇 100mL 异丙醇中加入 36% HCl 0. 4mL。

八、免疫印迹常用试剂

1. 30. 8%胶母液 称取丙烯酰胺(Acr)30g，*N*，*N′* -甲叉双丙烯酰胺(Bis)0.8g，加少量蒸馏水溶解后定容至 100mL。过滤，4℃保存。

2. pH8.9 分离胶缓冲液 取 Tris 36.6g，加少量蒸馏水溶解。用 1mol/L 盐酸调 pH 至 8.9(约 48mL)，定容至 100mL。

3. pH6. 7 浓缩胶缓冲液 取 Tris 6.0g，加少量蒸馏水溶解。用 1mol/L 盐酸调 pH 至 6.7，定容至 100mL。

4. 1%(*W*/*V*)TEMED 溶液 取四甲基乙二胺(TEMED)1mL，加蒸馏水稀释至 100mL，置棕色瓶中，4℃保存。

5. 10%(*W*/*V*)过硫酸铵溶液(临用前配制) 称取过硫酸铵$(NH_4)_2S_2O_8$(简称 AP)lg，溶于 10mL 蒸馏水中。

6. Tris-Glycine 电泳缓冲液(pH8. 3) 取 Tris 15.1g，甘氨酸(Gly)94g，10%(*W*/*V*)SDS 50mL，用蒸馏水溶解，稀释至 1L。用时稀释 5 倍。

7. 2×SDS 凝胶加样缓冲液

100mmol / L	Tris-HCl(pH6.8)
200mmol / L	二硫苏糖醇(DTT)
4%	SDS(电泳级)
0. 2%	溴酚蓝
20%	甘油

不含 DTT 的 2×SDS 凝胶加样缓冲液可保存于室温，临用前须从 1mol/L DTT 储存液现用现加于上述缓冲液中。

8. 转移缓冲液 取 Tris 5.8g，Gly2.9g，SDS 0.37g，甲醇 200mL，加三蒸水至 1000mL 充分溶解，4℃冰箱储存。

9. 漂洗液 TBS 液 500mL，加 Tween-20 250μL。

10. 封闭液 含 5%脱脂奶粉或 3% BSA 的 PBS。

11. 脱色液 甲醇 250mL，冰乙酸 100mL，加蒸馏水至 1000mL。

12. 氨基黑染色液(0.1%氨基黑-10B) 取氨基黑-10B 0.2g，溶于 200mL 脱色液中，充分搅拌溶解，滤纸过滤。

九、常用消毒药品和洗液的配制

1. 甲醛(又称福尔马林) 一般用 5%浓度，取甲醛 12. 5mL 加蒸馏水 87. 5mL 而成，空间喷雾消毒一般用此法；空间熏蒸一般为每立方米用 10mL 甲醛与 5g 高锰酸钾混合。

2. 高锰酸钾 浓度为 0. 1%，由 1g 高锰酸钾加 1000mL 水配制而成。可用于消毒手或其他器具表面或地板也可与甲醛混合进行熏蒸。

3. 乙醇(又称酒精) 75%乙醇消毒效果较佳。取浓度 95%乙醇 75mL，加去离子水 25mL 即可，可用于消毒皮肤、手术器械等。

4. 来苏尔(又称甲酚皂) 取原液 40mL，加去离子水 960mL 配制成 2%来苏尔溶液，可用于消毒手，器械和排泄物处理用 5%~10%的溶液。

5. 新洁尔灭 市售新洁尔灭浓度为 5%。用于皮肤消毒或器械表面消毒一般为 0. 1%。配制方法为 1 份原液加 50 份水。

6. 石灰水 一般用 5%石灰水消毒。取石灰 50g，加水 1000mL，静置 1~2h 取上清进行消毒。

7. 苯酚 消毒液浓度一般为 5%。取苯酚 50g 加蒸馏水 950mL。用于空气喷雾，拖洗地面。注意苯酚有剧毒、腐蚀性强，切忌与乙醇混合使用。

8. 波尔多液 浓度为 0.5%。配制方法为生石灰：硫酸铜：水 = 1：1：200。一般用于喷洒消毒，对真菌与棉絮状霉菌消毒效果较好。

9. 重铬酸钾洗液 重铬酸钾与硫酸组成的洗液氧化力强，是实验室最常用的强氧化洗液。洗液配方较多，可自行选择。洗液有腐蚀性，操作时要特别注意防护。容器为耐酸的塑料、玻璃或陶器制品。将重铬酸钾放于热水中完全溶解后，边搅拌边缓慢加入硫酸，配制好的洗液呈深橙红色，经长期使用后若变绿，表明已失效。

重铬酸钾/g	自来水/mL	浓硫酸/mL	氧化去污能力
63	50	1000	高强度
60	300	460	中强度
80	1000	100	低强度

(赵 杰)

参 考 文 献

高晓明. 2006. 免疫学教程.北京：高等教育出版社.
龚非力. 2003. 医学免疫学.北京：科学出版社.
金伯泉. 2002. 细胞和分子免疫学实验技术.西安：第四军医大学出版社.
刘辉. 2002. 临床免疫学和免疫检验实验指导. 北京：人民卫生出版社.
吕世静. 2004. 临床免疫学检验实验指导. 北京：中国医药科技出版社.
钱旻. 2011. 免疫学原理与技术.北京：高等教育出版社.
沈关心. 2002. 抗体技术实验指南. 北京：科学出版社.
沈关心. 2002. 现代免疫学实验技术. 第 2 版.武汉： 湖北科学技术出版社.
司传平. 2006. 医学免疫学实验. 北京：人民卫生出版社.
唐微. 2006. 生物化学与免疫学实验教程. 北京：人民卫生出版社.
吴雄文. 2002. 实用免疫学实验技术. 武汉：湖北科学技术出版社.
章晓联. 2004. 免疫学双语实验技术指导. 北京：科学出版社.